FABBRI
EDITORI

CALIFORNIA
PARADISE COVE
MALIBU

Carlotta Ferlito

Cosa penso mentre volo

La trave, i cioccolatini, le Olimpiadi e altre cose che non sapete di me

FABBRI
EDITORI

ISBN 978-88-451-9869-4
Prima edizione Fabbri Editori: ottobre 2013
Seconda edizione Fabbri Editori: ottobre 2013

Art direction e copertina: Sergio Pappalettera/Studio Prodesign
Progetto grafico e impaginazione: Gaia Daverio/Studio Prodesign
Editor: Roberta Ferrari
Coordinamento editoriale: Roberta Famà
Coordinamento del progetto: Silvia Ferraris
Coordinamento tecnico: Sergio Daniotti

L'editore è riconoscente all'Esercito Italiano e al Centro Sportivo Olimpico dell'Esercito per la preziosa collaborazione alla realizzazione di questo libro.

Un sentito ringraziamento anche alla Federazione Ginnastica d'Italia per l'accurata consulenza dei suoi tecnici, per la disponibilità dell'Ufficio Comunicazione e Relazioni Esterne e in generale per il generoso aiuto prestato durante tutte le fasi della lavorazione.

Cosa penso mentre volo

Sorrido per non piangere. Dura un attimo, poi passa.

E finalmente l'esercizio comincia.

Cammino sulla trave e mi sento una star, l'eroina del mio film.

Ho sempre bisogno di nuove sfide, di confrontarmi e combattere. Vi sembro una dura? No, sono piena di dubbi e di paure, come tutti voi.

Subito prima di una gara scorre veloce nella mia mente una carrellata delle infinite e varie possibilità che ho di uccidermi facendo quell'esercizio. Respiro, e mi concentro sulla tecnica ideale.

"Adesso devo fare così, poi mettere il piede qui, la mano là."

Se le orecchie captano una voce lontana, il pianto di un bambino, una musica che si diffonde all'improvviso; se la testa per un attimo va da un'altra parte, e non segue più il corpo, poco importa. Le mie braccia e le mie gambe continuano a muoversi come per incanto senza perdere il ritmo, perché sanno cosa devono fare grazie all'automatismo di esercizi provati centinaia e centinaia di volte.

Ogni specialità della ginnastica ha le sue difficoltà e i suoi pericoli ma se si dovesse pensare solo a quelli, non esisterebbero i ginnasti. Quindi corro scatto e salto pensando il meno possibile. In quei momenti esiste solo il movimento che sto facendo, il passo appena compiuto, lo slancio che subito lo seguirà, e il passo dopo ancora, fino al grande salto che chiuderà il sipario.

Gli altoparlanti diffondono il mio nome e il mio punteggio, ma io sento solo il rumore del mio cuore nel petto, che batte forte, più forte del boato dell'applauso.

Guardate com'ero piccola. I miei compagni di scuola mi chiamavano "la nanetta".

Ora nessuno ha il coraggio di usare ancora quel nomignolo. E se ci provano, guai a loro!

1

Io e la ginnastica

Immaginate una bambina di nove anni nel salotto della sua casa a Catania, il televisore acceso sulle Olimpiadi di Atene.

È l'agosto del 2004: la ginnasta americana Carly Patterson sta per vincere la medaglia d'oro sotto gli occhi del mondo con una prova spettacolare al concorso generale individuale. La bambina esulta.

"Mamma, papà, da ora in poi non chiamatemi più Totta. Mi voglio chiamare Carly, come lei, e da grande voglio fare la campionessa di ginnastica artistica."

"Ma sei sicura?"

"Certo!"

"Non è troppo faticoso?"

"No, no: ce la posso fare."

"Non è meglio qualcos'altro?"

"No. Ormai ho deciso. Io voglio andare alle Olimpiadi."

Quella bambina sono io, Carlotta, e come potete vedere già allora avevo le idee piuttosto chiare.

Il successo mondiale della ragazzina americana mi aveva colpito, tutti in palestra parlavano di lei.

Così da allora ho fatto di tutto per mantenere il mio impegno. E otto anni dopo, a Londra, ho realizzato il mio sogno.

Come ho fatto? Se avete un po' di pazienza, ve lo racconto.

Siete pronti? Preparatevi, perché è una storia piena di colpi di scena.

Nascere è stata la mia prima gara. Quando è nato Gianpaolo, mio fratello, i miei volevano subito anche una bambina. Quando è nata Ludovica, mia sorella, la faccenda poteva anche chiudersi lì. Mia madre era stata molto male. Poi però, a sorpresa sono arrivata io, con l'esercizio più complicato che abbia mai affrontato, più rischioso delle parallele e più acrobatico del volteggio: un salto con triplo avvitamento alla vita.

Quella terza gravidanza, ad altissimo rischio, aveva dell'incredibile. Per mia madre, però, il pensiero peggiore è stato che mi sarei dovuta chiamare come voleva papà. "No, 'Carlotta' no!" Mio padre ha sempre avuto in testa questo nome e voleva darlo già a mia sorella. A mia madre invece piaceva tanto "Ludovica". Mio padre insisteva: "Chiamiamola Carlotta", "Ludovica", "Carlotta". Avevano finito per litigare. Alla fine aveva vinto la mamma.

Proprio quando pensava di essersi liberata per sempre del pericolo, una nuova creatura destinata a chiamarsi Carlotta stava piovendo chissà come e chissà da dove nella sua vita. Era spacciata. Oggi, però, mamma mi confessa che Carlotta è un nome perfetto per me, così come Ludovica è perfetto per mia sorella. La notte di San Valentino del 1995, dopo molte complicazioni, sono stata tirata fuori, immobile, come stecchita. Mia madre ha riaperto gli occhi e non c'ero già più. "La bambina è morta?" "Viva l'ottimismo!" le hanno risposto i medici. In realtà ero solo stata trasferita d'urgenza al reparto di Neonatologia. Mia madre però non si fidava. "Se è vero che è viva, fatemi vedere una sua fotografia!" Così è nato il primo *book* della mia vita. Pesavo due chili e 400 grammi ed ero lunga 46 centimetri. Un rospetto, e anche poco fashion: il solo capo di moda ammesso nelle incubatrici era il pannolino. Una rana nata sotto il segno dell'Acquario.

La mia carriera è cominciata a quattro anni, quando mia madre ha deciso che io e i miei fratelli avremmo fatto molto sport. Sì, l'idea è stata sua. Tanto per cominciare ci aveva portati tutti e tre in piscina. Io e mia sorella andavamo anche in palestra, mio fratello giocava a calcio.

"Così vi muovete un poco", aveva detto. Da allora, io non mi sono più fermata. Mamma è stata molto costante e ha mantenuto fede al suo impegno. Due volte la settimana accompagnava me e Ludovica alle lezioni di ginnastica, Gianpaolo al campo di calcio, e due volte tutti e tre a nuotare. Gli sport più completi, secondo lei. "Lo sport è formativo", insisteva. Mia madre Roberta, segno zodiacale Vergine, si autodefinisce "la Strega".

Eccoci qua: mamma la Strega, papà il Simpatico, Gianpaolo il Genio e Ludovica la Vichinga.

Con lei non si scherza. La sua prima regola è "Vietato stare 'buttati' sul divano a guardare il televisore senza fare niente". L'ozio non esiste. L'ordine e l'impegno vengono prima di qualunque cosa.

Mia madre è pignola, metodica, ordinata, ed è quella che comanda:

"Metti a posto la tua camera."

"Hai finito i compiti?"

"Piega bene il pigiama."

Mio padre Massimo, detto Mex, è conosciuto invece come "il Simpatico". È un Acquario, come me, infatti mamma dice che io e lui siamo due pazzi uguali, e che nella follia ci somigliamo.

In famiglia sono tutti sportivi; mio nonno materno era anche un pilota e correva su una Ferrari nella Targa Florio, una delle più antiche corse automobilistiche del mondo. L'altro nonno è stato un calciatore (ha giocato anche in serie A nel Catania); mio padre ha fatto parte della squadra nazionale giovanile di pallanuoto; mio fratello ha seguito da ragazzo le orme di papà, mia sorella ha fatto nuoto sincronizzato a livello agonistico. Insomma: a casa mia, negli ultimi cento anni, nessuno è mai stato sdraiato sul divano a fare niente.

Dove eravamo rimasti? Ah sì, alla ginnastica.

Un giorno il mio primo allenatore, Maurizio, ha preso da parte mia madre e le ha detto: "Sai, Carlotta ha molte doti, vorrei provare a farla passare al livello agonistico". Avevo appena cinque anni e mezzo, quasi sei. Per fare il grande salto, però, avrei dovuto raddoppiare l'impegno e allenarmi almeno quattro volte la settimana, anziché soltanto due.

Io a 11 anni con i tecnici Maria Cocuzza e Maurizio Ferullo, i miei primi allenatori a Catania.

Due persone dolcissime alle quali sono molto legata.

Mamma mi ha chiesto: "Ma a te cosa piacerebbe di più, la ginnastica o il nuoto?". Indovinate che cosa ho risposto.

Così, la mia strada ha preso una svolta. Decisiva, direi.

Durante la settimana andavo a scuola e in palestra. Cominciavo alle otto e un quarto, uscivo all'una e un quarto dopo cinque ore filate di lezioni, volavo a casa, mangiavo di corsa, facevo i compiti per il giorno dopo e poi schizzavo di nuovo fuori, per andare agli allenamenti che cominciavano alle quattro del pomeriggio. Alla fine di tutto, alle otto di sera, non c'era tempo di fare nient'altro. Alle nove la mamma spegneva la luce e, proteste o no, si dormiva. Insomma: quando non ero in palestra, ero a scuola, e quando non studiavo, ero in palestra.

Quegli anni sono stati movimentati, felici e pieni di risate e di complicità con i miei fratelli, soprattutto con mia sorella Ludovica: con lei ho condiviso le prime fatiche sportive. Io e lei ci siamo date un soprannome: "Cappy", come il coniglietto di peluche di una delle due gemelle protagoniste di *Genitori in trappola*, uno dei nostri film preferiti.

"Mamma, mi aiuti a fare
un tema?"
"Dimmi, che tema è?"
"La maestra mi ha detto
che devo scrivere
qual è la cosa
che mi fa più paura,
e spiegare perché."
"Be' allora dov'è
la difficoltà?"
"È che io...
non ho paura
di niente."

All'epoca dicevo a mia madre che non avevo paura di niente. Era vero per la quasi totalità della mia vita quotidiana, fatta eccezione per un attrezzo...

Qualcuno una volta ha detto: "Per una bambina le parallele saranno sempre troppo alte". Ed è così. Le parallele sono il mio punto debole.

Fin dall'inizio ho avuto timore di fare salti e sperimentare esercizi nuovi. La mia diffidenza, però, ha una ragione precisa, che posso spiegarvi.

Quando ho cominciato a fare ginnastica a Catania, nella palestra dove mi allenavo da bambina, sotto l'attrezzo non c'era la buca, cioè quella fossa paracadute che serve da protezione in caso di errori.

Si tratta di una profonda cavità nel pavimento, tutta piena di grandi cubi di gommapiuma, che serve a proteggere gli atleti dalle possibili conseguenze delle cadute, anche quelle più brutte e scomposte (se caschi a testa in giù nella buca non ti fai nulla, mentre su un semplice materassino posato sul pavimento ti puoi anche rompere l'osso del collo).

Non sentendomi sicura, in quegli anni non ho mai rischiato, e così è finita che sono rimasta molto indietro. Non solo.

Alla mia prima gara (avevo otto anni), a Marsala, in provincia di Trapani, durante le prove le parallele sono crollate sulla testa del mio primo allenatore, Maurizio, che le stava preparando con la polvere di magnesio per noi che aspettavamo lì a mezzo metro da lui.

Immaginate la scena. Maurizio, con il volto pieno di sangue, trasportato di corsa in ospedale (se l'era cavata con una decina di punti sulla fronte). Noi bambine strillanti, la gara annullata. Altro che campionati regionali di ginnastica artistica: sembrava un film dell'orrore.

Come primo approccio non c'è male, no?

Alle prime gare regionali
succedeva di tutto.
Una volta sono anche
cadute le parallele.
Ma non tornavo mai a casa
senza una medaglia.

CAMPIONATO ITALIANO
ASSOCIAZIONE GINNICA
1978
GIGLIO
4-5 DICEMBRE 2004
Campionato Serie
stica Genova
PAVIA
2008
serie
A
Campionato Italiano Ginnastica Artistica

Paolo, il mio allenatore,
dice che le vere ginnaste
si riconoscono da bambine.
Istintive, esuberanti, solari
e un po' esibizioniste.

Avevo appena compiuto otto anni quando in palestra è arrivato un ospite importante: il direttore tecnico della Nazionale Giovanile di Ginnastica Artistica.

Il direttore tecnico faceva formazione agli allenatori e aveva anche un altro ruolo: scegliere in tutta Italia le allieve più dotate, da portare agli allenamenti che le preparano e le selezionano per le competizioni internazionali.

Se otto anni vi sembrano troppo pochi, sappiate che in realtà non è affatto così. La carriera nella ginnastica non è una cosa che s'improvvisa. Per arrivare alle gare internazionali bisogna essere preparati fisicamente per tempo, attraverso tappe precise, programmate a tavolino. La scelta delle atlete che parteciperanno a una certa Olimpiade, per esempio, può richiedere un anticipo molto lungo, anche una decina di anni.

Le selezioni portano poi ai raduni collegiali, che si tengono ogni estate, dove si concentrano le promesse della ginnastica scelte nelle palestre di tutta Italia. Il direttore tecnico mi chiese se fossi disposta a partecipare a uno dei successivi raduni – quello fissato per l'estate del 2004 – e naturalmente risposi di sì.

Ancora non sapevo che cosa mi aspettasse ma io sono fatta così, quando mi offrono qualcosa di nuovo mi ci butto a corpo libero.

D'estate partii per il mio primo collegiale a Cesena, a soli nove anni. Un raduno affollato: eravamo in venticinque e soltanto due della mia età. Proprio lì a Cesena conobbi alcune bambine di quella che sarebbe diventata la mia futura squadra, la lombarda GAL Lissone. I miei genitori erano molto preoccupati da quelle prime trasferte.

"Ce la farà?" si chiedevano.

"Tanti giorni lontano da noi, così piccolina."

Così decisero di seguirmi, discretamente, e di tenermi d'occhio da una distanza ravvicinata. Trascorsero le vacanze in un agriturismo non lontano da me, pronti ad accogliermi casomai fossi scappata dagli allenamenti. Per fortuna non sono mai fuggita. E forse, se non è successo, è proprio perché io non li ho mai sentiti distanti. Anzi. Per me è stato facile andare lontano proprio perché ho sempre avuto tutti i miei familiari così vicini.

I miei genitori sono sempre venuti a vedere tutte le mie gare (e ogni volta fanno il tifo per me. All'estero sventolano una grande bandiera italiana e così li scovo più in fretta).

Prima di ogni esercizio cerco i loro volti tra quelli del pubblico: mio padre si fa sempre notare perché grida il mio nome, gesticola e saltella. Qualche volta non vedo subito la sua faccia ma sento distintamente la sua voce.

Mia madre non urla mai, ma soffre ugualmente: "Mi sono stancata più io a guardarti", mi dice, "che tu a fare l'esercizio".

A Cesena ho cominciato a capire quanto è duro e come funziona il mondo della ginnastica. Le allieve hanno tra gli otto e i dodici anni; poi ci sono le juniores, che ne hanno tra i dodici e i quindici, e infine le seniores, dai sedici in poi. Il gruppo delle allieve selezionate all'inizio è molto folto, si parte sempre da un grande numero, che nel corso degli anni si riduce perché tante "si rompono".

Che cosa avete capito? No, non si rompono le scatole. Si rompono, nel senso letterale: qualcuna si frattura una caviglia, qualcun'altra un polso, oppure un ginocchio. O ancora peggio.

Io, per fortuna, non mi sono mai rotta, e anzi, ho continuato a fare progressi. Tanto che, finita la seconda media, la mamma mi ha fatto un'altra delle sue grandi domande: "Ma tu, te la sentiresti di cambiare città, di trasferirti in Lombardia già nel prossimo mese di settembre, di dedicarti agli allenamenti mattina e pomeriggio e studiare privatamente la sera, insomma, vuoi davvero rivoluzionare tutta la tua vita per la ginnastica?".

Provate a indovinare qual è stata la mia risposta. Esatto. Ho detto ancora una volta di sì. E così ho cominciato ufficialmente la mia avventura.

Chissà che cosa sarebbe successo se invece di "sì" avessi risposto "no". A Catania non c'erano strutture adatte per diventare campioni.

Avevo mille pupazzi e così poco tempo per giocare.

Ma un momento per la musica, quello, lo trovavo sempre e ancora oggi non posso vivere senza.

Se i miei avessero rifiutato la proposta dei tecnici della Federazione Ginnastica Italiana ("No grazie, nostra figlia è troppo piccola e non va da nessuna parte") oggi forse non sarei qui a raccontare la mia storia su queste pagine.

Chissà come ci sarebbero rimasti male i miei nonni. Per loro io sono l'incarnazione di un sogno, la nipote che ha portato gli antenati proprio dove speravano. Nessuno in famiglia prima di me era riuscito ad arrivare alle Olimpiadi. Forse per questo considerano i miei traguardi un po' anche loro. Tutti e quattro i miei nonni mi sono sempre stati vicini, ognuno a suo modo. Mio nonno il calciatore, per esempio, mi spedisce cassette di arance a Milano, con i bigliettini: "È arrivata la vitamina C", mentre il nonno pilota mi manda ricariche vertiginose sul cellulare: "Così puoi chiamarmi senza problemi".

La rinuncia ad avermi sempre accanto è uno dei regali più belli e generosi che la mia famiglia mi abbia mai fatto. E lo è ancor di più, considerato che all'inizio per loro è stata un'incognita, un sacrificio "a fondo perduto".

Chi ero io a dodici anni?
Quando sono andata via
dalla mia città e dalla mia famiglia
non ero ancora nessuno
e pochissimi avrebbero
scommesso su di me.
Non ero una candidata certa
alle Olimpiadi.
Non ancora, almeno, non allora.

Certo, avevo delle doti: ma nessuno poteva sapere se il giorno dopo la partenza avrei chiamato casa in lacrime, "Mamma ti prego vienimi a prendere perché non ce la faccio più". Invece loro ci hanno creduto, mi hanno chiesto più volte se fossi davvero sicura e convinta di voler partire, mi hanno spiegato il percorso che avrei dovuto seguire e mi hanno assicurato che loro sarebbero stati dalla mia parte comunque.

"Che tu decida di andare avanti o di smettere perché non ce la fai più... se non resisti, nessun problema: molli tutto e torni a casa." Qualcuno dei miei insegnanti si era scandalizzato per la loro scelta: "Prima di ogni cosa viene lo studio, perché non si può certo fare ginnastica tutta la vita". Anche i genitori delle mie amiche e compagne di scuola avevano avuto da ridire.

"Lasciare andare vostra figlia così lontano, così giovane."

"Cosa vi viene in mente."

Ora però sono gli stessi che vanno da mia madre dopo ogni mia apparizione in tv e le dicono "Complimenti per i successi di Carlotta". Oggi sono consapevole della mia fortuna e penso davvero che se i miei genitori non mi avessero permesso di inseguire il mio talento e di darmi un'opportunità, probabilmente sarei piena di rimpianti. Invece a diciassette anni ho raggiunto il mio sogno, l'obiettivo della vita, ho gareggiato alle Olimpiadi, e questa è la cosa che mi rende più orgogliosa di me.

La parte più difficile
però arriva adesso,
perché mi toccherà trovare
un altro traguardo
e, ormai lo avrete capito,
io non amo le cose troppo facili.

Tutti in palestra

La ginnastica artistica femminile

La ginnastica artistica femminile è una disciplina olimpica basata su quattro attrezzi: il **CORPO LIBERO** con accompagnamento musicale, la **TRAVE**, il **VOLTEGGIO** e le **PARALLELE ASIMMETRICHE**.

Tutti gli esercizi sono eseguiti individualmente, ma le classifiche sono individuali o di squadra (cioè, si ottengono sommando i punteggi delle diverse atlete di una società o rappresentativa nazionale).

La competizione **ALL AROUND**, che in italiano corrisponde al concorso generale individuale, è un tipo di gara in cui le singole atlete si sfidano in un "giro" di esercizi di tutte e quattro le specialità: il volteggio, le parallele asimmetriche, la trave e il corpo libero.
Ogni ginnasta inizia la carriera da bambina nella società più vicina alla sua città. Se è promettente, comincia a partecipare agli allenamenti regionali, dove ogni società sportiva porta le allieve migliori. A questi incontri spesso è presente anche un supervisore, legato direttamente o indirettamente alla direzione tecnica della **FEDERAZIONE GINNASTICA**. Il supervisore valuta se le ginnaste sono d'interesse nazionale. Le bambine "interessanti" sono convocate agli allenamenti più importanti: i raduni collegiali estivi dove si controlla la loro preparazione fisica, artistica e tecnica, s'imparano cose nuove, si perfezionano quelle già fatte. Le bambine che partecipano ai collegiali possono essere convocate per le gare della squadra nazionale. All'inizio si partecipa solo alle amichevoli. Poi si passa a competizioni più importanti: nazionali, europee, mondiali.

Alle Olimpiadi arrivano le otto squadre che ottengono i migliori risultati nei campionati mondiali e altre quattro squadre che superano il **TEST EVENT PRE OLIMPICO**. Le ginnaste che arrivano alle Olimpiadi per le competizioni individuali sono quelle che hanno vinto una medaglia ai mondiali, ma anche altre, selezionate secondo il criterio del merito.

La Federazione Ginnastica d'Italia è la più antica delle federazioni sportive italiane e rappresenta ufficialmente a livello internazionale la Ginnastica Artistica maschile, la Ginnastica Artistica Femminile, la Ginnastica Ritmica, il Trampolino Elastico, la Ginnastica Aerobica e la Ginnastica per Tutti. Il suo compito più importante è curare la preparazione degli atleti e mettere a disposizione i mezzi per la partecipazione ai Giochi Olimpici e alle altre gare internazionali e nazionali.

Tutti in palestra

Il corpo libero

L'esercizio dura al massimo un minuto e mezzo e ha una base musicale solo strumentale, senza canto. Se fosse per me, ballerei solo gli One Direction, ma Tiziana Di Pilato, una dei miei allenatori, dice che non è possibile. Allora lascio fare a lei, che di musica e coreografia se ne intende. Ogni tanto però il sottofondo lo scelgo anch'io. Il campo di azione è un'area, detta "il quadrato", che misura dodici metri per dodici. Su questa pedana, che è elastica e amplifica gli slanci, si fanno vari elementi coreografici, artistici e acrobatici, mescolati tra loro, che seguono il ritmo della melodia.

La figura che tutti conoscono è quella della **RUOTA**, la più amata dalle bambine, la più scenografica. Da non confondere con la rondata, che termina con un quarto di giro in volo e a piedi uniti paralleli.

I momenti più emozionanti sono le **DIAGONALI**, cioè le parti in cui si attraversa da un angolo all'altro la pedana – in diagonale, appunto – realizzando varie figure. Per esempio i **FLIC**, salti acrobatici che possono essere singoli o anche due o tre di seguito, e si possono fare con le mani che toccano terra, o senza mani. Fino ad arrivare a elementi di forte impatto scenografico come lo **TZUKAHARA** avvitato (doppi salti mortali con un doppio avvitamento contemporaneo).

Nel corpo libero servono potenza e resistenza, non basta saper fare un bel salto, bisogna conservare il fiato per farne un altro e poi un altro ancora. A fine esercizio si è stanchi. Basta saltare una settimana di lavoro per perdere il tono e la forma. Si rischia di fare male gli arrivi, abbattere il punteggio e procurarsi qualche infortunio.

Si parte! Destinazione: Nazionale italiana!

2

Goodbye Catania Hello Brianza

Il primo rombo del motore di un aereo. Il primo morso al panino. Il primo sorso della bibita. Il primo episodio di Harry Potter. Un pacchetto regalo ancora da scartare. Quando comincio da zero, sono gasatissima: mi piacciono gli inizi. Tutte le cose, quando sono nuove, mi danno carica. Tutto nuovo, tutto bello, tutto da scoprire. Tutta una vita davanti.

Avevo dodici anni quando mia madre mi ha iscritto alla terza media nella mia nuova città di residenza: Lissone, in Brianza.

Il presidente della GAL Lissone, la società di ginnastica nella quale ho cominciato la mia attività agonistica, mi aveva trovato un alloggio. "Guarda, potresti andare a vivere con la famiglia di questa ragazzina che si allena con te, se vuoi. Puoi provare, vedrai, ti troverai bene." Così ho traslocato lì, dove sono rimasta per circa due anni.

Dopo qualche mese di entusiasmo, però, la gioia delle novità ha lasciato il posto alla fatica e alle mie prime incertezze.

Ripensavo alla mia città, alla mia cameretta, alla mia "tribù" lontana: nonni, zii e nipoti, tre generazioni unite in un gruppo di casette circondate da giardini, una grande piscina nel mezzo, e il mio cagnolino nero Pepe che va a spasso. Certe mattine chiamavo mia madre e le dicevo: "Mamma, ma qui non si vede niente". A Catania ero abituata ad affacciarmi alle finestre e a vedere da una parte il vulcano (l'Etna) e dall'altra il mare.

Mia madre, che aveva capito tutto, sorvegliava "a vista" la mia fase down. Almeno dieci giorni ogni mese veniva a trovarmi e alloggiava in una stanza d'albergo a pochi metri dalla mia nuova casa. La mamma ha girato tutte le palestre del mondo e conosce tutte le piscine d'Italia perché ha seguito me e i miei fratelli nelle loro gare. Sa più cose lei di Google Maps!

C'era sempre un buon motivo per averla vicina. Una firma a scuola, un'influenza, una crisi di nervi.

Pensavo con nostalgia agli anni della mia infanzia. In fondo quando sono partita ero ancora soltanto una bambina.

Svegliarsi la mattina "in terra straniera" e dire "Oddio, mi aspettano sei ore di allenamento" è già piuttosto difficile.

Ancora più difficile è alzarsi la mattina, sapere di avere davanti sei ore di allenamento e non poter dire "Ciao mamma, ciac papà" né farsi due risate con i miei fratelli a colazione.

Una mattina aprivo gli occhi e pensavo: "Oggi non ho proprio voglia di fare niente."

Un'altra mi sentivo vecchia perché mi faceva male tutto.

Se Pepe fosse stato lì a Lissone con me mi sarei sentita meno sola.

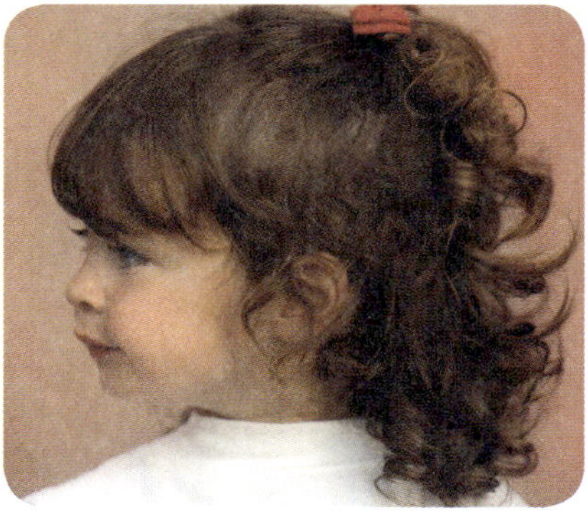

Finisco sempre
in queste stanze d'albergo
piccole come il tugurio
del Grande Fratello.

Il lavoro in palestra era diventato più duro e pesante del previsto. Con gli allenatori non andavo sempre d'accordo. Quand'ero giù di morale e li pregavo di lasciarmi riposare rispondevano bruscamente:

"Sei stanca? Non esiste".

"Ti fa male qualcosa? Dimenticatelo".

Oggi so che lo facevano perché nella ginnastica chi si ferma è perduto, la continuità è tutto, e quegli allenamenti non preparavano solo il fisico ma soprattutto il carattere.

E poi c'era quel pensiero così frustrante... Mi sentivo uno zero e mi dava fastidio saperlo. Ovunque mi voltassi vedevo giovani atlete più dotate e mi convincevo che avrei dovuto mettercela tutta per superare i miei limiti.

Certe sere tornavo a casa e piangevo senza sapere nemmeno perché. Mi veniva voglia di lasciare tutto.

Mi dicevo: "Non sono un fenomeno, nessuno mi obbliga a dimostrarlo, le Olimpiadi sono ancora lontanissime, ci arriverò mai?".

"Quante più brave di me mi sorpasseranno alle selezioni?"

"Chi me lo fa fare?"

Poi ho capito che mi mancavano l'abbraccio dei miei e un gesto di affetto nei momenti di tristezza.

Tutte le settimane chiamavo a casa e singhiozzavo al telefono con mio padre. Una volta perché non mi era riuscito l'allenamento. Un'altra perché qualcosa era andato storto a scuola. Oppure, per un attacco improvviso di malinconia.

Ogni volta che chiamavo papà lui si disperava, non ho mai capito se in quei momenti fosse più arrabbiato con me o con se stesso o con chissà chi: "Adesso basta!" mi diceva, "Tu ora fai le valigie e ritorni a casa".

Papà è sempre stato papà. Mi ha sempre trattato come la sua "bambina". Mi porta persino la colazione a letto. Avete presente un bodyguard che lavora gratis per voi e che dà anche consigli come un filosofo, e in più vi compra i gelati? Ecco per me mio padre è un po' tutte queste cose insieme. Affettuoso, positivo, protettivo, non si arrabbia quasi mai (ma se succede, sono guai) e non mi perde un attimo di vista. Quando sono stressata, mi consola anche a distanza di mille chilometri con i suoi sms.

Quando sono cresciuta, le telefonate si sono fatte più rare, ma ci sono stati brutti momenti anche fino a... ieri.

I giorni tristi nascono dallo stress, dalla stanchezza, dalla frustrazione per non riuscire a fare bene qualcosa. In questi casi ti senti una schifezza, tutto crolla, e ti ripeti: "Ma perché non sono più capace?", "Come mai non sono più brava come ieri?", "Non ce la farò mai..." e così via.

Nella ginnastica succede regolarmente: un esercizio che il giorno prima riesce alla perfezione, l'indomani può diventare una meta irraggiungibile.
Che rabbia mi fa, quand'è così.

Proprio in questi momenti però è più importante reagire. Un vero atleta di fronte a un intoppo pensa: "Lo faccio, lo rifaccio, finché non mi riesce bene". La cosa più facile è dire "Basta, mollo tutto". In questo sport c'è tanta gente che si ritira. Quante ginnaste brave, bravissime, fisicamente molto più forti di me non ce l'hanno fatta.

Io però ho tenuto duro e dopo due anni, quando mi sono trasferita a Milano, in un residence a due passi dalla palestra attrezzatissima del Centro Tecnico Federale di via Ovada, ero già un'altra. Un'atleta pronta per diventare campionessa. Alla fine l'ha spuntata la Carlotta che ha tanta voglia di essere protagonista e di fare vedere al mondo che cosa sa fare.

Tic Tac. La giornata di un'atleta

h 7.30
Sveglia, colazione
e poi palestra,
per sciogliersi un poco

h 19.30
Cena

h 16.30
Lezione con
insegnanti privati

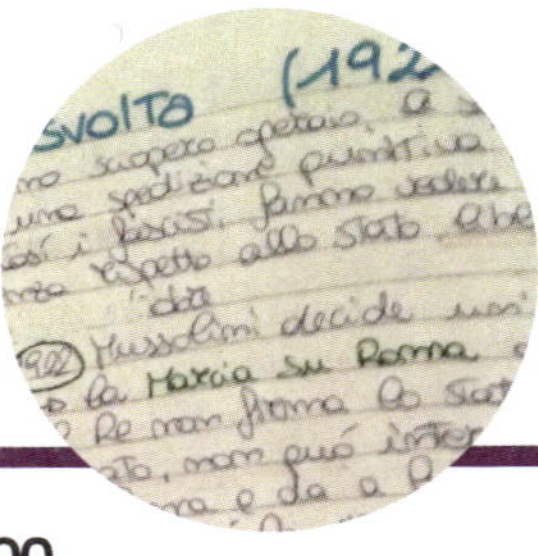

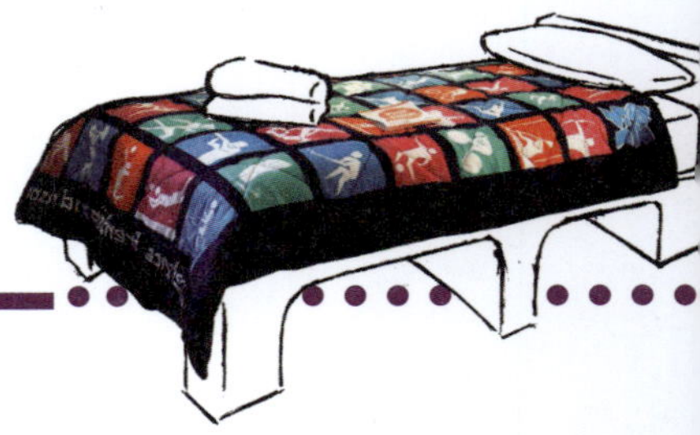

h 20.00
In camera a fare i compiti

La **domenica**, se non ci sono altri impegni, come gare o manifestazioni, è il solo vero giorno libero della settimana.

h 9.00
Comincia l'allenamento

h 12.00
Pausa pranzo

h 16.15
Doccia

h 13.45
Ricomincia l'allenamento

Eccomi qui, nonostante il vulcano.

3

Il mio primo europeo

28 04 2010

Un'occasione importante per farmi notare (dopo le Gymnasiadi di Doha, dove avevo condiviso il podio con la Russia e conosciuto la grande Aliya Mustafina) sono stati i miei primi campionati europei a Birmingham, nell'aprile 2010. Ricordo che era stata una trasferta molto particolare. Il vulcano islandese dal nome impronunciabile, Eyjafjallajorull – ve lo ricordate? –, aveva paralizzato il traffico aereo in tutta Europa, e molte delle squadre nazionali in gara avevano ritardato la loro partenza o avevano dovuto scegliere mezzi alternativi come il pullman, affrontando traversate su strada lunghe anche oltre ventiquattr'ore. (C'è sempre un vulcano inquieto nella mia vita: prima l'Etna, ora quest'altro, sarà un caso?)

Nonostante le molte incertezze della vigilia – i campionati si faranno? Non si faranno? La cenere e il fuoco del vulcano tenevano il mondo sportivo in uno stato di sospensione e di dubbio – noi eravamo entusiaste dell'appuntamento.

E i capricci dell'imprevedibile Eyjafjallajorull, comunque, non hanno impedito alla nostra squadretta junior composta da me, Erika Fasana, Giulia Leni, Francesca Deagostini e Andrea Foti di qualificarsi e di conquistare un ottimo risultato nella finale della gara a squadre: medaglia di bronzo per l'Italia, categoria juniores.

Io mi sono piazzata anche per la finale All Around, cioè il concorso generale individuale (che prevede una prova a tutti e quattro gli attrezzi). e per la finale alla trave.

2010
Carlotta
Francesca
Giulia

In camera mia
c'è ancora
la bandiera
che ricorda
Birmingham.

Il nostro primo trionfo europeo.

Medaglia di bronzo per l'Italia nella finale della gara a squadre. L'oro è delle russe, l'argento delle rumene.

Le gare di qualificazione, per me, erano andate molto bene, nonostante la fifa. Quella era la mia prima prova di calibro europeo, ero ancora molto giovane e avevo più paura che esperienza.

Ma poi le mie finali purtroppo non sono andate come speravo: nel concorso generale ho sbagliato il salto raccolto indietro sulla trave; un errore stupido, un piccolo sbilanciamento e sono caduta. Risultato: ottavo posto. Nell'altra finale alla trave, stesso errore, stesso posto in classifica: ottavo. Mi è dispiaciuto molto perché se non fosse stato per quel passo falso, avrei potuto benissimo sperare in una medaglia di bronzo.

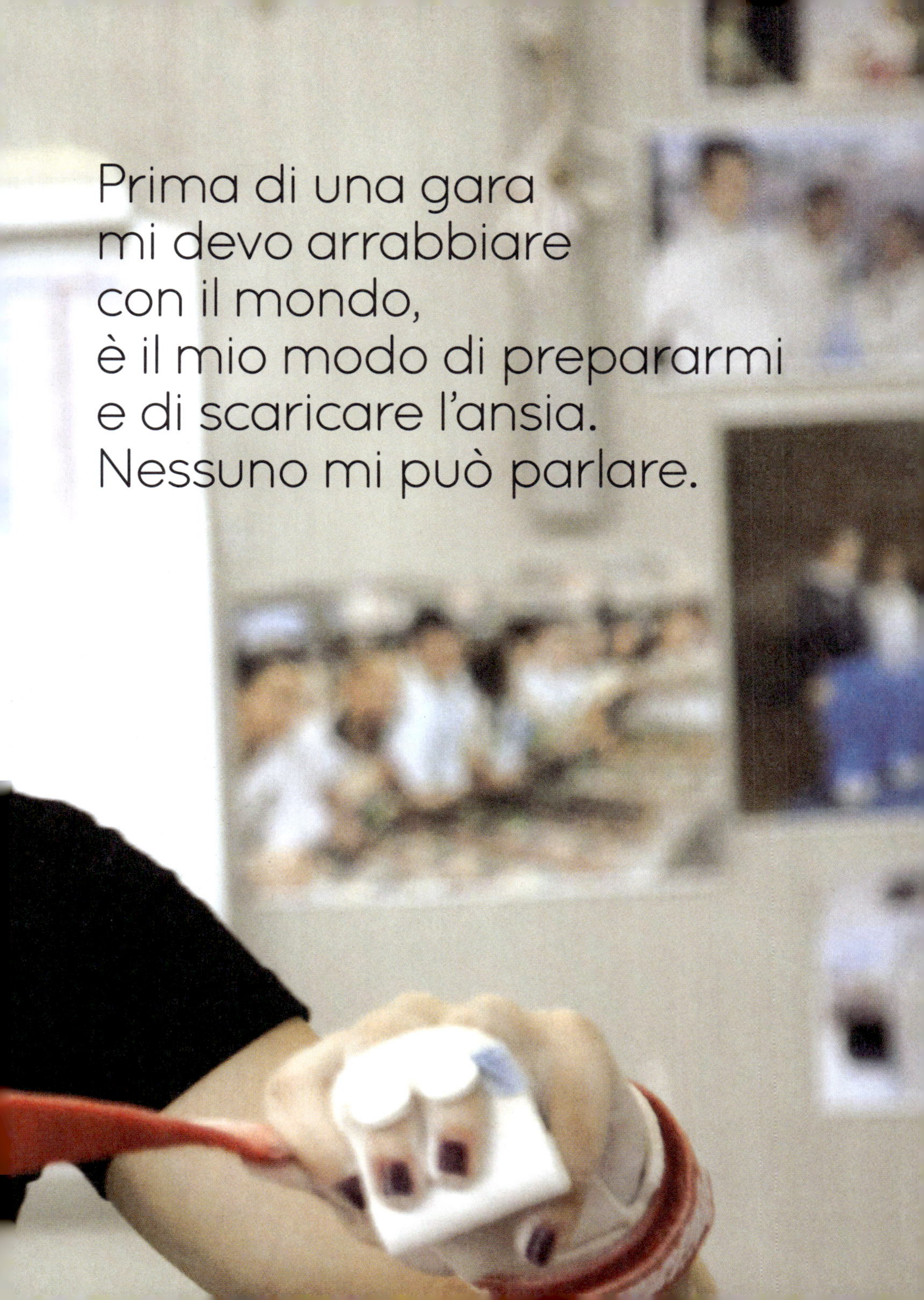

Prima di una gara
mi devo arrabbiare
con il mondo,
è il mio modo di prepararmi
e di scaricare l'ansia.
Nessuno mi può parlare.

E adesso ho
in tasca il biglietto
per le Olimpiadi
giovanili
di Singapore!

Quel viaggio, però, aveva anche un altro scopo.

Dalla prestazione delle ginnaste ai campionati europei di Birmingham dipendeva la scelta delle giovanissime atlete che avrebbero partecipato alla prima edizione dei Giochi Olimpici giovanili di Singapore, una vetrina eccezionale per i più piccoli, e imminente, perché erano fissati per l'estate di quell'anno.

La selezione sarebbe avvenuta secondo due criteri: l'età e il punteggio riportato. Per quanto riguarda l'età, i posti erano riservati alle atlete nate nel 1995, e io, che avevo appena compiuto quindici anni, possedevo quel requisito. Il secondo criterio era il punteggio riportato a Birmingham.

Il biglietto per Singapore, infatti, sarebbe toccato alla migliore di ogni nazione partecipante. La scelta sarebbe caduta sulle prime quattordici atlete, quelle cioè che avrebbero ottenuto il miglior punteggio nella prima gara di qualificazione. Io, con la mia prestazione, avevo già in tasca il lasciapassare. L'Olimpiade junior era mia. Era ancora solo giovanile, certo, ma era pur sempre un'Olimpiade. Mica un giocattolo.

Eccomi qui con Giulia Leni, Erika Fasana e Francesca Deagostini.

I capricci del vulcano hanno dimezzato anche il pubblico. Non c'è il pienone come al solito, che peccato.

Tutti in palestra

La trave

Da bambina mi allenavo su tutti gli attrezzi, ma ogni volta che si sperimentavano cose nuove dimostravo di fare grandi progressi specialmente alla trave, e ancora oggi resta l'attrezzo che mi fa vincere di più e raggiungere punteggi più alti.

La mia **ENTRATA** di solito è frontale. Poso le mani sulla trave, mi sollevo e faccio la spaccata, poi la gamba destra scavalca l'attrezzo e mi ritrovo seduta, pronta per l'esercizio.

L'elemento che voi mi vedete fare più spesso è il salto, l'**ENJAMBÉE**, una sforbiciata delle gambe in aria. Questa spaccata "volante" ha una variante "ad anello" se la gamba tesa all'indietro si piega ancora di più verso l'alto, fino quasi a toccare la nuca.

Nel **SALTO DEL MONTONE** le due gambe, unite, si piegano indietro tanto che le punte dei piedi toccano la testa. Spesso faccio anche il salto raccolto indietro (durante il quale le ginocchia sono raccolte al petto).

Per l'**USCITA** in genere faccio un salto con due avvitamenti e mezzo.

La trave è l'attrezzo che mi spaventa meno. Il peggio che mi può succedere è finire un volo senza precisione, mettere male un piede e prendere la strisciata, un bel livido lungo la gamba. Con un po' di esperienza, però, si può evitare: un'atleta esperta è in grado di raddrizzarsi in tempo.

Bisogna prestare la massima attenzione al salto di uscita alla fine dell'esercizio. Tutti quelli che lo vedono da fuori tremano: "Oddio", mi dicono, "ma hai solo dieci centimetri, come farai?". Be', sì, qualche volta mi sono sfracellata...

Con questo salto mi sento già a Londra.
Singapore 2010
Youth Olympic Games

4

Singapore, tre medaglie da batticuore

14 08 2010

Eccomi a spasso per il mondo con Paolo, il mio allenatore. Andiamo a Singapore per i Giochi Olimpici Giovanili, e non saremo soli: oltre a noi ci saranno tremila e cinquecento atleti, mille e cinquecento tecnici, mezzo milione di tifosi, e uno spettacolo da togliere il fiato. La città "ai confini del mondo" che s'intravede nel film *Pirati dei Caraibi* appare già nel finestrino dell'aereo e m'incanta. Quante isole, grattacieli, parchi. Avrò tempo per visitarla, spero. La scaletta del viaggio prevede una settimana di allenamenti, una di gare e una di vacanza.

La mamma e la nonna (la cosiddetta nonna giramondo) sono qui a tifare per me, e alla fine delle gare mi farò portare in perlustrazione: non mi voglio perdere nulla. E soprattutto devo mangiare tutte le cose strane che il mio stomaco può contenere. Il villaggio olimpico è imponente: sembra una prova generale delle Olimpiadi di Londra. Sono gasatissima. Paolo è emozionato, anche se lo nasconde bene. "Guarda che qui ti va di lusso", m'incoraggia. "Sono tutte ragazzine della tua stessa età. E poi è una sfida individuale, non gareggi per la squadra, puoi concentrarti sui tuoi risultati personali, quindi, a maggior ragione devi mettercela tutta per dimostrare che cosa sai fare."

Insomma, è la prima bella occasione per presentarsi al mondo.

Si comincia con l'All Around: dopo i primi tre esercizi, volteggio, parallele e trave, capisco che il bronzo è a portata di mano. Manca solo la prova al corpo libero. L'unico ostacolo tra me e la medaglia è Natsumi Sasada, la giapponese con la quale mi gioco il terzo posto. Lei ha già fatto qualche piccolo errore, io – dopo un esercizio non perfetto alle parallele – non dovrò farne neanche uno.

"Ce la puoi fare", continua a ripetermi Paolo, senza mai stancarsi. In questi giorni sta sudando più di me. "Forza."

Corro, salto, prendo il volo, piombo giù, una diagonale dopo l'altra, da un angolo a quello opposto, concentratissima, attenta agli arrivi, con i muscoli contratti per lo sforzo. "Forza", mi ripeto. Finito l'esercizio, senza

errori, senza fiato, non ho il coraggio di voltarmi a guardare il tabellone. Osservo Paolo con la coda dell'occhio. Lo spio. Mi accorgo che sta esultando, tutto rosso in viso, urla come un matto: ma che ha?

Ah, ma allora ce l'ho fatta. Sì, ho superato Sasada per qualche decimo di punto. Banzai!

Tra le mie foto più belle di Singapore ce n'è una che è il simbolo di questa bellissima vittoria, e mostra Paolo sorridente che mi bacia sulla fronte mentre io piango di gioia.

Salgo sul podio – orgogliosa e sfinita – con la russa Viktoria Komova (oro) e la cinese Tan Sixin (argento) nel bagliore accecante dei flash dei fotografi. Che giornata!

Quando un allenatore ti dice
“non hai niente da perdere”
in realtà ti sta dicendo
“cerca di vincere”.

Dopo il bronzo all'All Around, il 21 agosto ho vinto il bronzo anche al volteggio, dietro la russa Viktoria Komova (ancora lei) e la spagnola Maria Paula Vargas. Ma il meglio doveva ancora arrivare.

Il 22 agosto mi aspettava la prova alla trave. Ricordo ogni momento come fosse ieri. Riscaldamento. Tensione. Nervosismo. Mi concentravo riprovando mille volte l'esercizio.

"Accidenti", mi dicevo, "oggi non mi riesce bene niente". Un passo falso durante le prove e... disastro. Ero caduta male, una brutta "strisciata" lungo tutta la gamba, dolore atroce, e proprio subito prima della gara. Bel colpo: un lungo livido blu coperto dalla borsa del ghiaccio. Che fare? Ero conciata per le feste. Ma avevo deciso di entrare in scena così com'ero, zoppa e con la borsa del ghiaccio.

"Sai che c'è?" mi ero detta, "Chi se ne frega, tanto, come dice Paolo, non ho niente da perdere, ormai due medaglie le ho già prese, male che vada poi fuori di qui mi abbufferò di cioccolatini per consolazione, in fondo sono a Singapore, la vita è bella, farò un bagno in piscina e avrò una lunga vita piena di altre soddisfazioni".

Ero saltata su quella maledetta trave, cattiva come un condor, e ce l'avevo fatta, nonostante tutto. Una pioggia d'argento su di me!

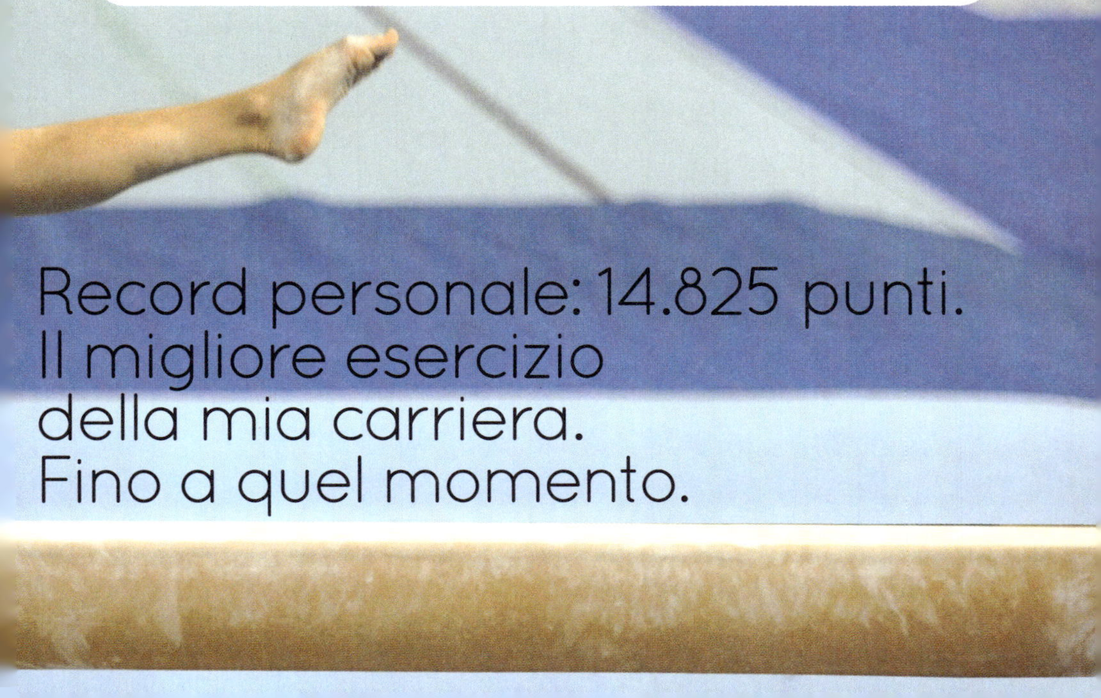

Record personale: 14.825 punti. Il migliore esercizio della mia carriera. Fino a quel momento.

Con tre medaglie
(due di bronzo e una d'argento)
sono stata la giovane atleta
più decorata di tutta
la spedizione italiana.
Viva Singapore!

Viva Singapore! Sapevo che mi avrebbe portato fortuna; e viva soprattutto Paolo, perché non mi ha mollato un attimo. Se non ci fosse stato lui a ogni caduta, a ogni scivolone, forse non avrei ottenuto gli stessi risultati. "Insisti, stringi i denti..." diceva. Peccato solo per l'occasione sfumata alle parallele: per un piccolo errore mi ero dovuta fermare al sesto posto.

Ma tutto il resto è stato magnifico. Salire sul podio con ginnaste del calibro di Tan Sixin e Viktoria Komova è stato elettrizzante. E poi finalmente ho conquistato l'attenzione di Viktoria, l'atleta russa tra le più forti del mondo. Nei giorni iniziali delle gare non mi rivolgeva nemmeno la parola. Poi improvvisamente qualche minuto prima che salissi sulla trave per il mio esercizio, si è avvicinata per salutarmi e, con mia grande sorpresa, mi ha detto le uniche due parole che conosceva in inglese: "Good luck", buona fortuna.

Eccomi con Paolo, con Viktoria Komova (a destra) e con Tan Sixin (in alto).

Finite le gare è ricominciata la vita.

Mia madre si è finalmente rilassata: il mio scivolone dalla trave alla vigilia della gara l'aveva messa in agitazione, ma quando ha visto che l'incidente non era particolarmente grave, si è tranquillizzata. Lei e mia nonna finalmente, come promesso, mi hanno portata a spasso per Singapore e l'Isola di Sentosa, e per sette lunghi giorni sono tornata a essere semplicemente una turista. Per cominciare sono andata in giro per il villaggio olimpico e ho conosciuto un sacco di gente. Lungo i viali ho incontrato Natsumi Sasada, la giapponese della sfida nell'All Around. Ci siamo scambiate la maglietta, abbiamo passeggiato insieme e chiacchierato un po'... in inglese, ovviamente, la lingua ufficiale anche per noi atleti nel tempo libero nel villaggio. Quando le gare finiscono, svanisce anche ogni smania di competizione, e a volte possono nascere grandi amicizie.

Gli ultimi giorni sono volati. Prima di ripartire abbiamo trascorso una bellissima giornata con l'addetto stampa della Federazione Ginnastica al Marina Bay di Singapore, un albergo da mille e una notte diviso in tre torri, ognuna alta cinquantasette piani, con una grande piscina in cima tra le nuvole, tutta punteggiata da palme maestose, e un canale che unisce le torri, simile a un transatlantico pronto a salpare, che loro chiamano "la mezza banana". Degna conclusione di una favolosa spedizione, no?

Mi hanno riempito di gadget: cover del cellulare (e ci hanno regalato anche un telefono!), orologi, polsini, tazze, pupazzi. Meno male che avevamo una valigia di scorta!

Io sono qui!

Da lassù, con le mie tre medaglie internazionali in tasca, mi sono sentita sul tetto del mondo e un po' più vicina al mio sogno.

I love my body

All'inizio della mia carriera sportiva pensavo che certi body portassero fortuna e altri sfortuna. Uno nuovo non era classificabile fin quando non fosse stato testato durante una gara. Avevo provato a fare anche i cassetti separati: body fortunati e body sfortunati, perché i secondi non potessero contaminare i primi. Poi però un giorno mi è capitato di cadere dalla trave con un body portafortuna. Da allora ho deciso di smettere con quelle scemenze. Un body è un body, punto e basta.

Il modello che mi piace di più in assoluto è quello blu che ho usato ai campionati mondiali di Tokyo 2011. Ha una manica blu e un'altra color carne, con applicazioni di cristalli Swarovski. Al secondo posto c'è quello rosso che ho indossato a Mosca per i campionati europei 2013. E poi al terzo i body di Singapore, che, ci si creda o no, di fortuna me ne hanno portata moltissima, perché sono stata premiata con ben tre medaglie.

Cosa fate?
Non vorrete mica
ritagliare il libro!

È mamma che crea quasi tutti i miei body. Ogni volta che vede una fantasia o un modello che le piace, immagina come riportarli sui miei costumi di gara. Poi spiega l'idea al nostro stilista, che ne prende spunto per realizzarli.

Che paura
la mia prima
esibizione
da senior.

5

Campionati europei di Berlino

04 04 2011

Sapete che cosa si prova quando una ginnasta russa campionessa del mondo (e poi anche olimpica), bella come una modella e forte come una leonessa, ti guarda diritto negli occhi? Ci si sente una cacca.

Aliya Mustafina, una delle atlete più brave del pianeta, mi metteva in soggezione. L'ho incontrata per la prima volta alle Gymnasiadi di Doha nel 2009. Avevamo anche scambiato due chiacchiere, e l'avevo considerato un grande onore. In quell'occasione mi ero accorta che aveva uno sguardo triste, che però non toglieva nulla alla sua classe. Aliya è un'elegante, raffinata aliena.

A Berlino ero arrivata con una paura pazzesca. Avevo appena compiuto sedici anni, ero al mio esordio nella categoria seniores e mi sono trovata davanti ginnaste che avevano già vinto tante medaglie e che avevano già partecipato a un'Olimpiade. Quegli europei erano il primo passo verso i campionati del mondo di Tokyo, previsti a ottobre. E poi c'erano le telecamere di "Ginnaste, Vite Parallele", il docu-reality su di noi che avrebbe avuto un enorme successo su MTV (la prima puntata è andata in onda poi a ottobre).

In Germania abbiamo respirato aria di Olimpiadi (c'era anche profumo di patatine fritte: la nostra camera d'albergo, al Park Plaza Hotel, si affacciava proprio su un gigantesco fast food!).

Dovrebbero
inventare
un armadio
che si chiude
e diventa
una valigia.

MINNETONKA

ITALIA

Tra le mie avversarie più pericolose a Berlino c'era la campionessa del mondo in carica, Aliya Mustafina, appunto, ma non solo: nel palasport della capitale tedesca, il grandioso centro sportivo Max Schmeling Halle, avrei dovuto sfidare anche la mia compagna di bandiera, Vanessa Ferrari, prima italiana a conquistare un titolo mondiale nell'All Around.

Ricordo che già nel 2006 avevo assistito in tv alla sua storica vittoria della medaglia d'oro ai campionati mondiali di Aarhus, in Danimarca.

Gareggiare contro di lei per me era già difficile. Batterla, poi, mi sembrava davvero impossibile.

Eppure le gare di qualificazione a Berlino ci hanno riservato più di una sorpresa. Ricordo l'ansia prima dell'esito e la gioia subito dopo il verdetto. Io il quinto posto, lei il sesto nella classifica del concorso generale individuale: l'avevo sorpassata.

Avevo battuto il mio idolo, la famosa Vanessa che da bambina ammiravo in tv.

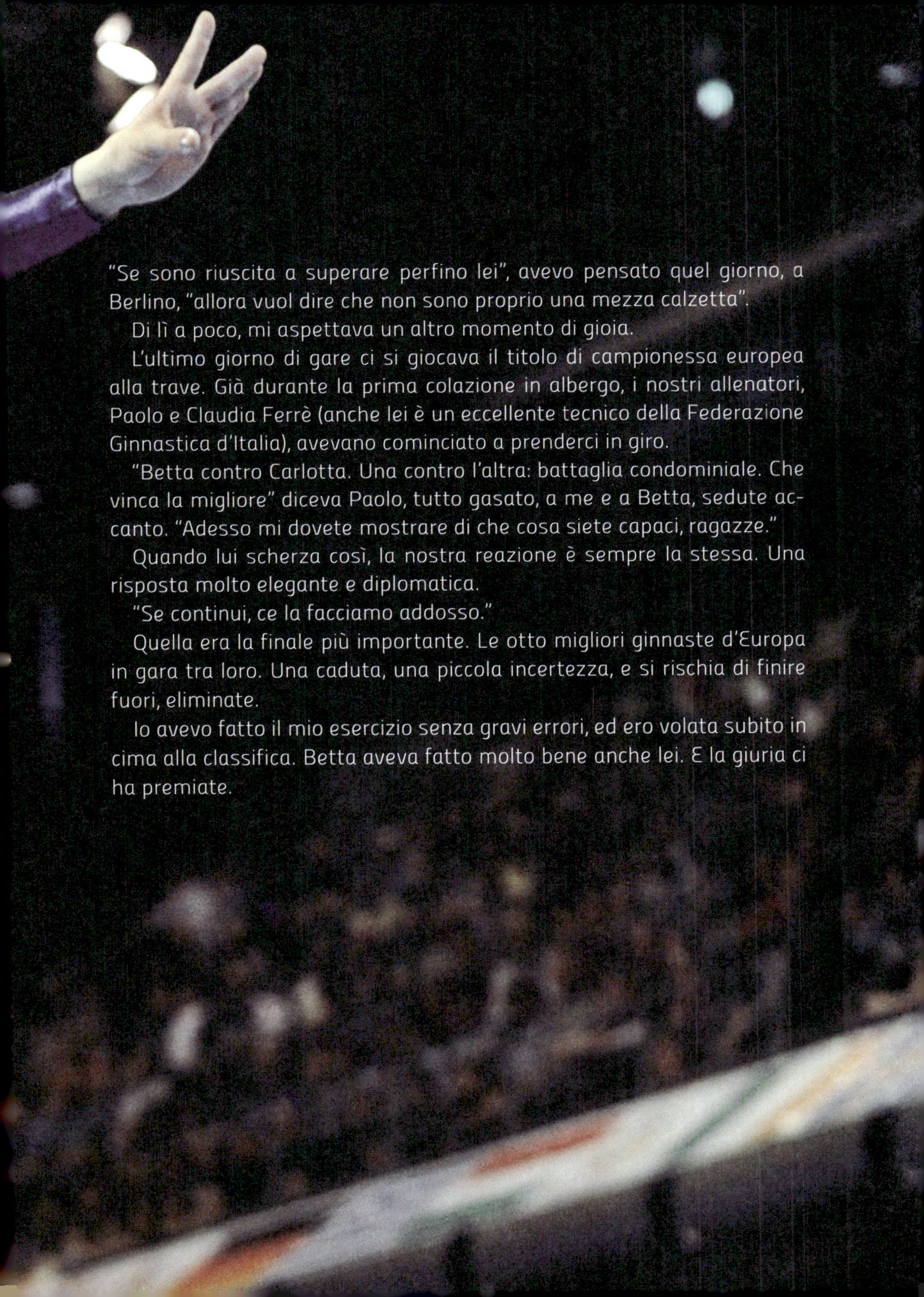

"Se sono riuscita a superare perfino lei", avevo pensato quel giorno, a Berlino, "allora vuol dire che non sono proprio una mezza calzetta".

Di lì a poco, mi aspettava un altro momento di gioia.

L'ultimo giorno di gare ci si giocava il titolo di campionessa europea alla trave. Già durante la prima colazione in albergo, i nostri allenatori, Paolo e Claudia Ferrè (anche lei è un eccellente tecnico della Federazione Ginnastica d'Italia), avevano cominciato a prenderci in giro.

"Betta contro Carlotta. Una contro l'altra: battaglia condominiale. Che vinca la migliore" diceva Paolo, tutto gasato, a me e a Betta, sedute accanto. "Adesso mi dovete mostrare di che cosa siete capaci, ragazze."

Quando lui scherza così, la nostra reazione è sempre la stessa. Una risposta molto elegante e diplomatica.

"Se continui, ce la facciamo addosso."

Quella era la finale più importante. Le otto migliori ginnaste d'Europa in gara tra loro. Una caduta, una piccola incertezza, e si rischia di finire fuori, eliminate.

Io avevo fatto il mio esercizio senza gravi errori, ed ero volata subito in cima alla classifica. Betta aveva fatto molto bene anche lei. E la giuria ci ha premiate.

Per la prima volta, due ginnaste italiane insieme sul podio della trave. Io ho vinto la medaglia d'argento, il secondo posto, e Betta la medaglia di bronzo, il terzo posto in classifica.

Vi state chiedendo chi c'era al primo? Che domande, date un'occhiata alla foto qua sotto, al centro fra me e Betta: la solita, fortissima, Anna Dementieva. Non c'è niente da fare: le russe sono una potenza.

E finalmente adesso anche Claudia, la nostra allenatrice super esigente, sorride!

Anche le più forti, però, possono cadere.

Com'è successo a Berlino alla povera Aliya Mustafina, uscita subito di scena dopo una brutta caduta alla fine del suo salto al volteggio, e costretta a ritirarsi. Il suo incidente è stato uno choc mondiale. Dopo un doppio avvitamento e mezzo, ha terminato il volo con una torsione del ginocchio e una smorfia di dolore. Si è seduta, ha preso il ginocchio tra le mani e si è accucciata sul materassino. Sono venuti a portarla via sulla sedia a rotelle, chiaro segno di qualcosa di grave. Infatti, la diagnosi dei medici sarebbe stata la rottura del legamento crociato del ginocchio sinistro.

In quei momenti un brivido corre lungo la schiena. Tutti possono cadere, tutti sono fragili, nessuno è d'acciaio.

Nemmeno la campionessa del mondo che ti sembra così forte.

Per fortuna dopo qualche anno Aliya è riuscita a superare brillantemente il suo incidente e, a Londra 2012, è stata la ginnasta che ha vinto più medaglie.

Tutti in palestra

Come si calcola il punteggio

I punteggi che le ginnaste ottengono in gara sono composti da due parti per valutare i diversi aspetti della prestazione.

Uno è il **PUNTEGGIO D** e l'altro il **PUNTEGGIO E**. La somma dei due punteggi determina il risultato finale. Così come ci sono due punteggi, ci sono anche due giurie.

PUNTEGGIO 'D'

Il **PUNTEGGIO D** si ottiene valutando le migliori otto **DIFFICOLTÀ** eseguite nell'esercizio, i **COLLEGAMENTI** tra un elemento e l'altro e le cinque **ESIGENZE** previste dal regolamento che la Federazione Internazionale di Ginnastica emana ogni quattro anni alla fine di un ciclo olimpico. Questo regolamento si chiama **CODICE DEI PUNTEGGI**.

Le "esigenze" possono essere una certa entrata, una certa uscita, un determinato passo, una serie artistica, e così via.

La ginnasta arriva al momento della gara sapendo quale dovrebbe essere il valore del suo esercizio, che è chiamato **PUNTEGGIO DI PARTENZA**. Ma è solo teorico: perché il valore reale è quello che la giuria assegnerà dopo aver visto l'esercizio. Può capitare, infatti, che per un errore tecnico la giuria assegni a un determinato movimento un altro valore o non lo riconosca.

La **GIURIA D** è composta da due giudici.

PUNTEGGIO 'E'

Poi c'è il **PUNTEGGIO E**, che per convenzione parte sempre da un valore fisso, che è **10**. Questa cifra è, per così dire, il punteggio ideale, il massimo, perché calcolato su un'esecuzione perfetta: ma può scalare se la qualità dell'esecuzione non lo è.

Se l'atleta, cioè, compie errori (nella forma e nella tecnica) allora da quella somma (10) si tolgono decimi di punto che abbassano il voto finale.

A ogni errore corrisponde una **PENALITÀ**, che può essere di **UN DECIMO** di punto, **TRE DECIMI**, **CINQUE DECIMI** o **UN PUNTO** intero. Una caduta dalla trave, per esempio, riceve la penalità di un punto.

La **GIURIA E** è composta da sei esperti.

Un esempio concreto

Il punteggio D – cioè il valore di partenza di un esercizio – in media oggi va da 5 a 7 punti. Il mio alla trave, per esempio, è di 6,30.

Dalla somma di questo valore e del secondo punteggio, il punteggio E (che non sarà mai 10 dal momento che la perfezione è pressoché impossibile), si ottiene un punteggio che, ai massimi livelli mondiali, si aggira intorno ai 15,50 punti in campo femminile.

Tutti in palestra

Il volteggio

In principio era il cavallo. Sostituito nel 2001 perché considerato troppo pericoloso per gli atleti. Ora si chiama tavola da volteggio ed è di gran lunga più sicura.

Il momento del volteggio che mi fa più paura è l'**ARRIVO**, perché se si sbaglia qualcosa ci si sfasciano le ginocchia. Durante la **RINCORSA** sul tappeto, però, è meglio non pensarci!

Il movimento che faccio più spesso è del tipo **YURCHENKO**. Dopo la rincorsa si fa una **RONDATA** con arrivo sulla **PEDANA** posta alla base dell'attrezzo. Nel rimbalzo, dando la schiena alla tavola, si esegue un **FLIC**, le mani si posano sulla base della tavola e poi con la spinta si esegue il salto e l'arrivo. In genere eseguo **UN AVVITAMENTO E MEZZO** in volo (come alle Olimpiadi di Londra).

*Tokyo.
La trasferta
più difficile
della mia
vita.*

6

Fermate il mondo, voglio scendere

07 10 2011

Un brutto sogno, durato dieci giorni.

Ai campionati mondiali di ginnastica artistica a Tokyo ci confrontiamo con squadre fortissime. Nella prima gara della trasferta, quella di qualificazione che decide tutte le classifiche, la squadra italiana non accumula un punteggio abbastanza alto da ottenere il via libera per le Olimpiadi di Londra. Bisogna riuscire a piazzarsi entro le prime otto nazioni in pista e a noi invece tocca solo il nono posto. Niente da fare: ce l'abbiamo messa tutta, ma le altre sono giganti e ci hanno sorpassato.

Ancora oggi mi domando: che cosa è andato storto in Giappone? Risposta: tutto!

Già in volo non ero a mio agio. Non ero in forma. Mi sentivo pesante, e per noi fa differenza avere qualche chilo in più, perché quando salti ti sembra di avere una zavorra sulle caviglie (la sinistra tra l'altro era già fuori uso per un'infiammazione). Prima delle gare, mi ero sottoposta a una dieta ferrea e avevo perso un chilo e mezzo.

Non è finita. Appena arrivate a Tokyo, avevo avuto una brutta sorpresa. L'attrezzatura non era uguale alla nostra. Noi siamo abituati a lavorare su attrezzi molto più rigidi... In Giappone invece sono molto più elastici e morbidi.

Le prime prove sulla trave sono state un disastro. Se sei abituata a una base più stabile, una così soffice può creare problemi di equilibrio. Sbarellavo. Non andava bene niente. Non ero in forma, in un altro continente, con un altro fuso orario, con gli attrezzi sbagliati e la pedana troppo elastica. Perfino il sushi non era buono come ci aspettavamo.

LONGINES

Alla fine delle gare di qualificazione guardiamo incredule il tabellone con il naso all'insù mentre l'Italia scivola definitivamente al nono posto in classifica nel concorso generale a squadre, dunque fuori dalla lista delle nazionali che avrebbero partecipato alla sfida olimpica.

Paolo e Claudia cercano inutilmente di tirarci su il morale.

"Guardate che arrivare al nono posto in un campionato mondiale non è una cosa da poco. Qui sono tutti fortissimi" dicono.

Io però sono a pezzi.

"Ditemi che non è vero", penso. "Ditemi che non siamo venute fin qui, dall'altra parte del mondo, per scoprire che non ci siamo qualificate alle Olimpiadi". Invece è proprio così: la squadra non è passata e Londra appare irraggiungibile. Escluse!

Sul pullman che ci riporta in albergo, piangiamo tutte. L'allegria dei primi giorni è solo un ricordo. Non riusciamo a nascondere la delusione. Con la testa sul vetro del finestrino, attraverso una lacrima, le luci dei grattacieli si dilatano e sembrano liquide, un fiume che scorre veloce nella notte nera, e anche noi ci sentiamo buie come questa notte di Tokyo, la notte della disfatta.

La gara di qualificazione ha deciso anche la classifica individuale, cioè l'elenco delle migliori atlete, stabilito in base al punteggio assegnato dalla giuria alle loro prestazioni. Da quella prima competizione sono usciti i nomi delle prime otto atlete del mondo che poi si sono sfidate alle finali su ogni singolo attrezzo: volteggio, parallele, trave, corpo libero. E anche i nomi delle prime ventiquattro che sono andate ad affrontare la finale All Around, cioè la sfida a tutti e quattro gli attrezzi. La qualificazione che desidero di più, quella per la finale alla trave, l'ho mancata. In compenso riesco a entrare nella classifica della finale All Around strappando alla giuria il ventiquattresimo posto: l'ultimo in classifica.

Non so perché, ma non riesco ad apprezzare pienamente la conquista. Mi sembra una ben magra consolazione.

Chi se ne frega, penso. Bah. Rinuncio, tanto non ce la farò mai. Non ho più voglia. Non m'impegno. Con tutte le brave atlete che ci sono in campo, perché mai al mondo dovrebbe importare che cosa faccio io, l'ultima qualificata, la peggiore? Ventiquattro, che numero del cavolo.

I miei allenatori sono molto irritati con me per il mio atteggiamento.

"Tu non capisci quello che è successo!" urlano. "La giuria ti ha detto che sei una ginnasta tra le migliori del mondo. Sei il numero ventiquattro sì, ma del mondo! Lo capisci questo?"

Passeggiano su e giù infuriati nei giardinetti di Tokyo mentre io mi fisso la punta delle scarpe, come faccio sempre quando non so dove guardare.

La loro rabbia è un fiume in piena che m'investe.

"Sarai dispiaciuta per non aver fatto una gara eccellente, sarai triste perché l'Italia non si è classificata tra le prime otto, sarai pure scontenta perché non sei stata ammessa alla finale alla trave, e va bene. Però, accidenti, almeno ti sei qualificata tra le prime ventiquattro atlete del mondo. Avrai la tua finale, ti potrai rimettere in gioco e fare vedere quali sono le tue potenzialità. Non ti basta questo? A te non basta mai niente!"

Ma io sono molto più sconsolata di loro.

Sono molto critica verso me stessa, e non riesco a perdonarmi i miei errori.

Così, per superare un momento veramente difficile, scelgo di rifugiarmi nel posto per me più sicuro al mondo.

La mia famiglia.

Corro dalla mamma, dalla nonna, da mia sorella Ludovica. Mi accolgono nel loro albergo, vorrebbero portarmi a spasso per distrarmi ma sono troppo stanca anche per andare in giro. Mi butto sul letto e mi accuccio per un po'. Qualcuno mi accarezza dolcemente la testa finché non mi addormento. Al risveglio ho recuperato le forze perdute.

Sono ancora la numero
ventiquattro,
ma mi è tornata la voglia
di provare a essere
la numero uno.

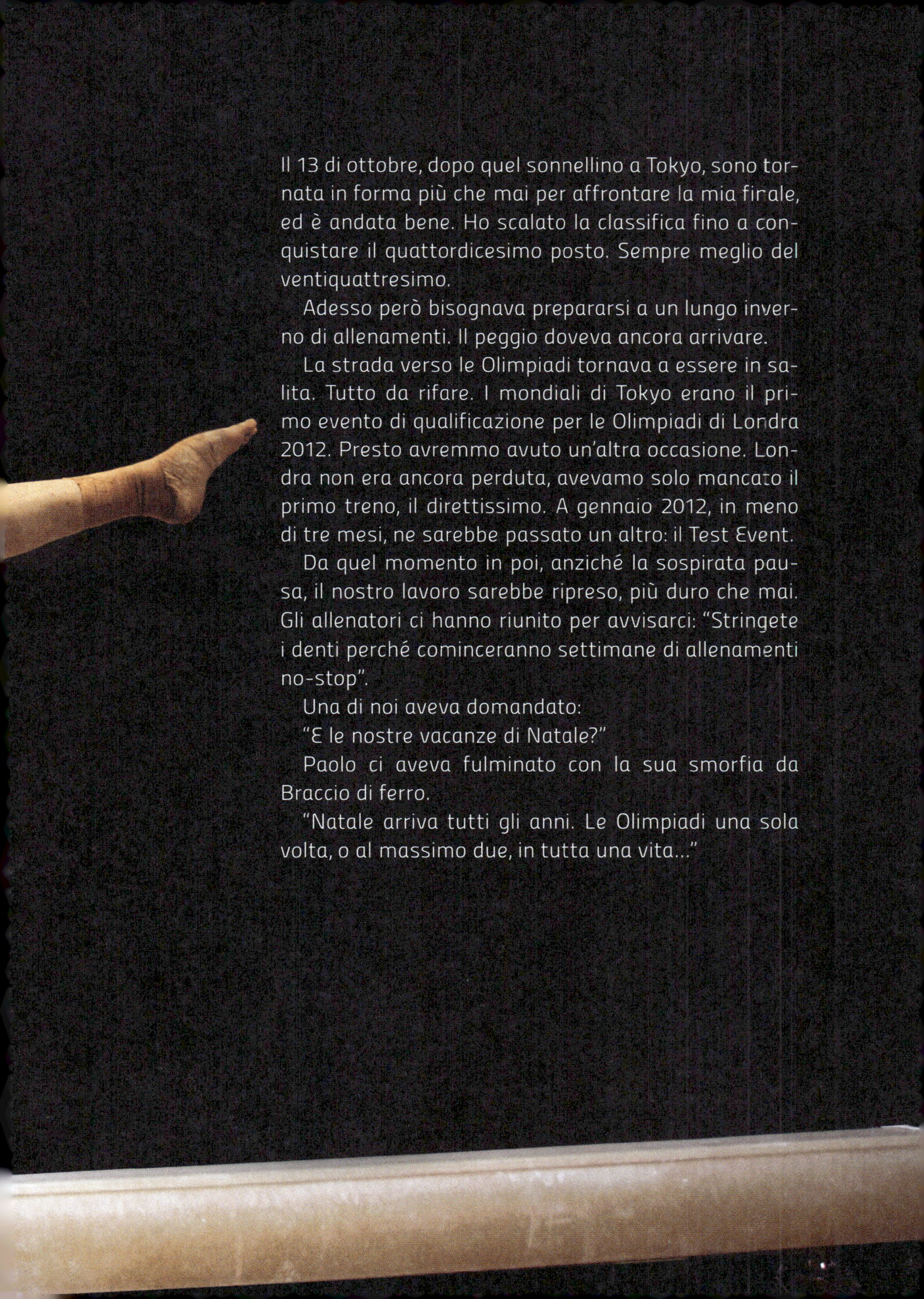

Il 13 di ottobre, dopo quel sonnellino a Tokyo, sono tornata in forma più che mai per affrontare la mia finale, ed è andata bene. Ho scalato la classifica fino a conquistare il quattordicesimo posto. Sempre meglio del ventiquattresimo.

Adesso però bisognava prepararsi a un lungo inverno di allenamenti. Il peggio doveva ancora arrivare.

La strada verso le Olimpiadi tornava a essere in salita. Tutto da rifare. I mondiali di Tokyo erano il primo evento di qualificazione per le Olimpiadi di Londra 2012. Presto avremmo avuto un'altra occasione. Londra non era ancora perduta, avevamo solo mancato il primo treno, il direttissimo. A gennaio 2012, in meno di tre mesi, ne sarebbe passato un altro: il Test Event.

Da quel momento in poi, anziché la sospirata pausa, il nostro lavoro sarebbe ripreso, più duro che mai. Gli allenatori ci hanno riunito per avvisarci: "Stringete i denti perché cominceranno settimane di allenamenti no-stop".

Una di noi aveva domandato:

"E le nostre vacanze di Natale?"

Paolo ci aveva fulminato con la sua smorfia da Braccio di ferro.

"Natale arriva tutti gli anni. Le Olimpiadi una sola volta, o al massimo due, in tutta una vita..."

PLAYLIST

mi piace/ non mi piace

Le cose che adoro mangiare

1 **Milkshake alla fragola**

2 **Cookies**

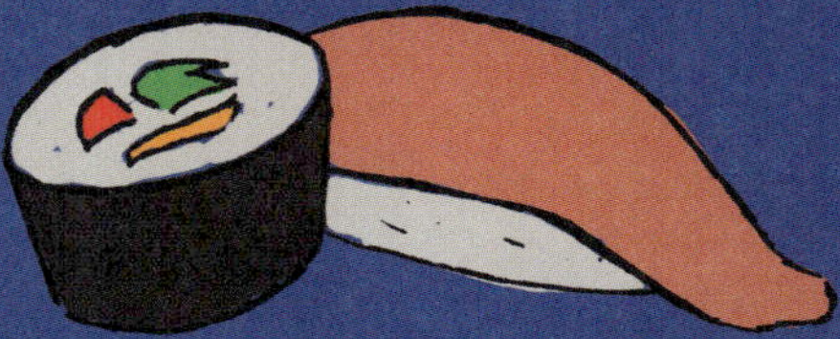

3 **Sushi**

4 **Pizza**

5 **Patatine**

La cosa che adoro sopra ogni altra è la Nutella.

Tre cose che assolutamente detesto sono il tiramisù, i profiteroles e il peperoncino.

E la mia dieta da atleta

1 **Pesce bollito**

2 **Ananas**

3 **Uova**

4 **Bistecca ai ferri**

5 **Zucchine grigliate**

La ricetta dei cookies

Il mio amore per i cookies supera ogni ostacolo. Se scopro che sono finiti, me li faccio da me!

Ingredienti

1 cucchiaio di bicarbonato
500 gr di farina
2 uova
250 gr di burro
250 gr di zucchero di canna
250 gr di zucchero bianco
Aromi a scelta
400 gr di cioccolato fondente

Mescolate insieme bicarbonato e farina. Sbattete le uova (intere) con il burro fuso e lo zucchero (scuro e bianco). Amalgamate bene, aggiungete l'aroma preferito e poi mescolate a farina e bicarbonato (poco alla volta).

Aggiungete i pezzetti di cioccolato, impastate, e alla fine formate con le mani i biscotti (non troppo grandi né troppo piccoli) e metteteli su un foglio di carta oleata nel forno (preriscaldato). Tempo di cottura, dieci minuti a 190 gradi.

Vi avviso: io ho provato a farli e non mi riescono mai come vorrei. Spero che voi abbiate più fortuna.

Se vi riescono bene, non dimenticate di spedirmene qualcuno, io apprezzerò. C'è chi me li porta dalla Francia, chi dalla Spagna. Ho anche un ciondolo a forma di cookie, un regalo molto appetitoso e molto apprezzato.

Mi hanno
fatto saltare
anche
le vacanze
di Natale!

7

Verso le Olimpiadi

10 01 2012

Dopo la sconfitta di Tokyo avevamo solo un'altra possibilità di arrivare comunque alle Olimpiadi di Londra, ed era vincere il Test Event del gennaio 2012. Le gare si sarebbero svolte tra il 10 e il 13 gennaio a Londra e insieme con noi avrebbero partecipato altre sette squadre: Canada, Francia, Brasile, Belgio, Corea del Sud, Spagna, Paesi Bassi. Le formazioni ammesse alle Olimpiadi sarebbero state soltanto quattro su otto.

Così abbiamo cominciato allenamenti serrati e durissimi per due mesi e mezzo. I nostri tecnici ce lo avevano annunciato: "Scordatevi il mare, per quest'anno". E poi: "Scordatevi anche il Natale!". Nessuna vacanza d'estate per prepararsi ai mondiali di Tokyo e ancora nessuna vacanza fino al Test Event. Negli ultimi sei mesi ero stata a casa solo il 14 e 15 agosto e poi il 24 e 25 dicembre. Un periodo veramente estenuante e faticoso, anche dal punto di vista emotivo: avevamo solo quell'opportunità e non potevamo fallire.

Eravamo partite in sei: io, Elisabetta Preziosa, Chiara Gandolfi, Francesca Deagostini, Erika Fasana e Vanessa Ferrari. La finale a squadre si è tenuta l'11 gennaio. Dopo un'ottima gara, l'Italia si è classificata al primo posto, il Canada al secondo, la Francia al terzo e il Brasile al quarto. Le altre nazioni – Belgio, Corea del Sud, Spagna e Paesi Bassi – non ce l'hanno fatta.

Io ho portato a casa anche una medaglia d'oro per la trave e Vanessa Ferrari ha conquistato l'oro per il corpo libero.

London Prepares™
series
London Prepares

Due medaglie e un biglietto
per le Olimpiadi.
Dopo tanta fatica
è il momento
di tornare a festeggiare!

Dopo l'amarezza di Tokyo, dopo le sofferenze e le tante rinunce, quella è stata la rivincita che tutte avevamo sognato. Londra non era più un miraggio ma una realtà che stava per arrivare. Le Olimpiadi (quelle vere, stavolta).

Dopo tanto stress, le Olimpiadi sono nostre.

Da sinistra: Betta, io, Francesca, Chiara, Erika e Vanessa.

09 05 2012

Finito il Test Event, sono continuati gli allenamenti intensivi.

A maggio abbiamo partecipato ai campionati europei di Bruxelles dove abbiamo conquistato il terzo gradino del podio dietro le invincibili russe e rumene: una splendida medaglia di bronzo che ci ha dato la carica per andare avanti e sperare di fare bene a Londra.

EUROPEAN CHAMPIONSHIPS ARTISTIC GYMNASTICS WOMEN
2012 BRUSSELS
LONGINES
BRITA
UEG
3

Il 18 luglio 2012 siamo state convocate in collegiale al PalaAlgeco di Brescia per l'ultimo test della squadra nazionale di ginnastica artistica femminile prima della partenza per i Giochi Olimpici e lì abbiamo provato tutti i programmi di gara, tirando al massimo gli esercizi.

All'appuntamento di Brescia siamo andate in sette: io, Elisabetta Preziosa, Vanessa Ferrari, Giorgia Campana, Erika Fasana, Chiara Gandolfi, Francesca Deagostini. I nomi che sarebbero stati scelti dai tecnici della Federazione, però, sarebbero stati soltanto cinque. Due fra noi non avrebbero realizzato il loro sogno... Due su sette. Chi saranno? E perché proprio loro? Su tutto il ritiro è aleggiato lo spettro dell'esclusione.

Chi partirà? E chi non partirà? Ognuna di noi, naturalmente, dopo tanti sacrifici, rinunce e fatica, sperava di essere nel gruppo.

Alla fine il grande giorno è arrivato. Quando ci hanno chiamato, eravamo appena tornate da un pomeriggio in piscina. Avevamo ancora i capelli bagnati, il costume e l'accappatoio.

Il direttore tecnico nazionale ha sciolto le riserve, ci ha convocato in una saletta, e senza tanti preamboli ha detto: "Ci siamo riuniti e abbiamo deciso che la squadra olimpica sarà composta da Carlotta Ferlito, Vanessa Ferrari, Erika Fasana, Giorgia Campana ed Elisabetta Preziosa".

Quella sarebbe stata la formazione definitiva che sarebbe salita sull'aereo per l'Inghilterra.

Fine.

Prima che compagne... amiche!

Con Betta, Vanessa, Giorgia, Erika, Chiara e Francesca facciamo allenamenti serrati, ma senza dimenticare le feste.

Elisabetta era dentro. Speravo tanto che ci fosse anche Francesca, invece lei era una delle due escluse (l'altra purtroppo era Chiara).

Francesca non aveva superato il test finale dei tecnici. I suoi incidenti, e i problemi che aveva avuto alla mano (solo due mesi prima del ritiro aveva subìto un intervento) l'avevano penalizzata nelle valutazioni conclusive. Lei ce l'aveva messa tutta, aveva provato senza mai risparmiarsi fino all'ultimo esercizio, stringendo i denti, fino in fondo. Niente da fare. Non era stata ritenuta in piena forma per affrontare la competizione internazionale.

Il direttore tecnico non aveva neppure finito di pronunciare i nomi della selezione, quando Francesca, che aveva già capito di non essere nella lista, è scoppiata in un pianto disperato. In quei momenti, ricordo, ho provato un dolore acuto per lei.

La guardavo senza sapere che cosa fare... Ho tentato di avvicinarmi, abbracciarla, dirle qualcosa per consolarla, frenare il suo pianto dirotto, ma la sua allenatrice ci ha fatto segno di uscire, perché voleva scambiare con lei due parole a quattr'occhi.

Quel giorno piangevamo tutte,
chi di felicità e chi di delusione.
Più che un ritiro della nazionale
di ginnastica artistica sembrava
un funerale.
Poi però ci siamo dette:
ora la squadra siamo noi,
diamoci da fare perché
non c'è tempo da perdere.

PLAYLIST

i miei passatempi preferiti

1 **Ballare in discoteca**

2 **Fare shopping**

3 **Ascoltare musica**

4 **Cantare**

5 **Chattare su WhatsApp**

i miei cantanti preferiti

01. **One Direction**
02. **Justin Bieber**
03. **Taylor Swift**
04. **Katy Perry**
05. **Lady Gaga**
06. **Rihanna**

i miei attori preferiti

01. **Kristen Stewart**
02. **Anne Hathaway**
03. **Emma Watson**
04. **Alessandro Preziosi**

6 **Vedere** (e rivedere) **film**

7 **Dipingere le unghie**

con i miei 200 smalti

8 **Inventare nuovi make up occhi**

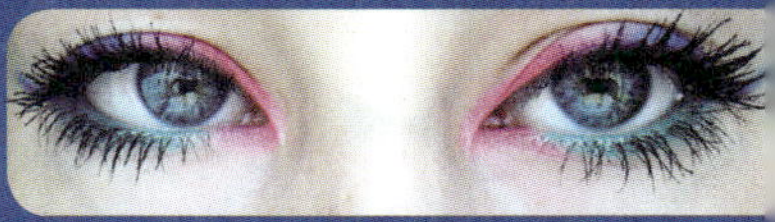

9 **Fingersi attrice**

e recitare una parte di un copione immaginario

10 **Cucinare dolci**

Che fortuna.
Mi tocca iniziare
per prima
e indovinate a
quale attrezzo...

8

Le Olimpiadi di Londra

29 07 2012

Perché proprio io? Inutile protestare, ormai è deciso. A me tocca il compito di aprire la gara della squadra italiana, e indovinate in quale specialità? Ebbene sì, le mie odiate parallele.

Appena entrata nel palazzetto mi avvolge il frastuono delle mille voci in tutte le lingue del mondo, rumori e musica mescolati insieme come in un frullatore. "Quando arrivi guarda in alto, così ci salutiamo" mi aveva detto la mamma. D'istinto alzo gli occhi a cercarla e... lei è un puntino lontanissimo, mille metri più alto di me, lassù in "piccionaia".

Riesco appena a vederla.

Confusa, impaurita, con il cuore che va a mille, faccio il giro del campo per presentarmi alla giuria, ma sul più bello scoppio in lacrime.

Mi volto dall'altra parte e mormoro: "Io non ce la faccio".

Sento l'enorme responsabilità di aprire i Giochi per l'Italia.

Gli allenatori e i tecnici mi spronano: "Ma dai, dai, vai".

Perfino una dei giudici, intenerita, mi sussurra parole rassicuranti: "Don't cry, don't cry... Calm down, calm down".

Tutti mi guardano.

Che figura di merda.

Ricaccio indietro le lacrime e mi lancio.

Eccomi qui, ad aprire le danze. Il primo esercizio di tutta la nostra trasferta.

Riprendo il controllo di me e comincio. Devo farcela, mi devo impegnare per qualificare l'Italia. È la mia missione, per questo sono qui, paura o no.

Tremo ma volo da uno staggio all'altro con la massima concentrazione cercando di fare un lavoro perfetto, pulito, senza dimenticare nulla: i giri completi, le verticali, lo Jaeger e l'uscita più difficile, quella con un doppio giro in avanti che mi fa guadagnare alcuni decimi di punteggio in più per la mia squadra. Finito, e senza grossi errori! Al termine delle gare di qualificazione, la nostra squadra è settima! Siamo ancora in corsa per la finale a squadre. Gareggeremo con i giganti del mondo. E io sono riuscita anche questa volta a entrare nella classifica delle migliori ventiquattro atlete selezionate per la finale dell'All Around. Due finali per la mia prima Olimpiade non sono niente male, come risultato.

Il 2 agosto, però, nella finale All Around, mi attende una brutta sorpresa. Proprio nei primi secondi dell'esercizio a corpo libero, finisco in ginocchio dopo il triplo avvitamento nella prima diagonale. Un errore banale, da eccesso di perfezionismo. Raramente mi succede di sbagliare in quel modo. Non c'è dubbio che sia stato per la voglia di fare bene.

Di solito quando eseguo gli esercizi del corpo libero, mi sforzo di curare gli arrivi. In quell'occasione pensavo di fare un arrivo stoppato, invece non ero abbastanza rigida sulle spalle, e alla fine del salto mi sono ritrovata con le ginocchia a terra. Che delusione.

Ho fatto un saluto conclusivo non troppo convinto alla giuria e sono scoppiata in lacrime. Con quell'errore mi ero giocata l'intera finale. Ventunesimo posto.

"Sì, ma il ventunesimo posto alle Olimpiadi", mi dicono gli allenatori e i tecnici.

"Ma è pur sempre il ventunesimo", rispondo.

In quei giorni oscillavo tra due stati d'animo. Da una parte pensavo: "Devo mettercela tutta". Dall'altra mi dicevo: "Andrà come deve andare".

Dopo lo sbaglio nel corpo libero non ero riuscita a nascondere i miei sentimenti e avevo cominciato a piangere. Errore fatale: mai farsi prendere dalla rabbia. Bisogna continuare, rialzarsi subito, sorridere e riprendere l'esercizio là dove si è interrotto, anche se non se ne ha voglia. Non sempre ci riesco, più spesso mi capita di continuare di cattivo umore e, soprattutto, di non riuscire a nasconderlo. Avevo tanto sudato, sofferto, lottato e sperato...

E poi, Londra era Londra.

Una voce dentro di me urlava: "Cavoli, Carlotta. È l'occasione della tua vita, giocatela bene". Ma non ce l'ho fatta. Mi tremavano le gambe, pensavo a mille altre cose, mi sentivo una formica, mi ripetevo mentalmente "chissà se mi ricapita". Un'altra voce sussurrava: "Che te ne frega, è la tua prima finale olimpica, andrà come deve, buttati e non ci pensare più".

Tutti dicono che – anche se sono un tipo emotivo – sono pur sempre una garista, cioè una che in gara dà il meglio di sé. A Londra purtroppo non è andata sempre così.

Mi resta comunque la soddisfazione per tutto il lavoro fatto bene. Soprattutto alla trave, nella finale individuale All Around. Grandioso punteggio, 14,766. E la gioia per aver contribuito all'ottimo risultato di squadra con gli esercizi del 31 luglio al volteggio, alla trave e al corpo libero.

London 20

Bene o male, a Londra abbiamo fatto la storia della ginnastica: prima di noi mai nessun team italiano si era qualificato nella finale a squadre, dove sono ammesse soltanto le otto più forti formazioni del mondo. E noi siamo riuscite a conquistare il settimo posto.

Io ho fatto bene il mio lavoro, anche se in certi momenti mi sono fatta fregare dall'emozione. Peccato.

La sorpresa più bella
è stata la lettera
di mia sorella Ludovica,
la prima delle mie fan.

Io e Ludovica siamo come le parallele.

Siamo sempre vicine. Ma lei è più alta.

A sei anni abbiamo iniziato insieme a fare ginnastica. Tu andavi sempre più avanti, vincevi e mi lasciavi indietro. A nove anni hai visto Carly Patterson vincere ad Atene e volevi che tutti ti chiamassero Carly ed è lì che hai iniziato a dire che ci saresti arrivata anche tu, alle Olimpiadi. A dieci anni inizi i primi collegiali e diventi vice-campionessa italiana. A dodici anni ti trasferisci lontano da noi, facendo mille sacrifici per coronare il tuo sogno. Da quel momento in poi hai fatto un sacco di strada: momenti belli e gare da dimenticare. Hai stretto i denti gioendo a Birmingham e Berlino, e con le Olimpiadi Giovanili ti sei guadagnata un posto nella ginnastica nazionale e non solo. Ora sei qui, a un passo dal tuo sogno. Comunque vada domani sappi che io sono fiera di te, di quello che sei, e sarà una gioia immensa vederti su quegli attrezzi, a Londra! Ti voglio bene e ci sarò sempre per te.

Un grandissimo in bocca al lupo e...

gamba Carlo!

tua sorella
Ludovica

E comunque, pensate: il 2 agosto, proprio mentre io ero lì a soffrire e sudare per le gare, sapete chi c'era a due passi da me, nel grande supermercato vicino al villaggio olimpico, il Westfield Mall? Liam Payne e Niall Horan della mia band preferita, gli One Direction. Erano in incognito ma sono stati avvistati e riconosciuti dai fan, che li hanno costretti a cantare. Hanno fatto il pezzo *What makes you beautiful* lì al supermercato, su un palco dentro il grande magazzino, tra i clienti. Pensa che cosa abbiamo perso. E va bene, ci saranno altre occasioni.

Di Londra mi resteranno dentro molte immagini indimenticabili.

Indossare la nostra splendida divisa nuova, firmata Armani, non ha prezzo. Gli americani ce la invidiavano molto, soprattutto la linea sportiva bianca e blu scura, felpa e tuta. Avrà qualche vantaggio essere nati nella patria delle grandi firme, no? Alla grandiosa cerimonia di apertura, invece, abbiamo sfoggiato la nostra divisa di rappresentanza, e, a parte i commenti di qualcuna tra noi, un po' più impacciata nei suoi vestiti nuovi, il nostro défilé è stato impeccabile e ci ha fatto dimenticare per un po' l'ansia delle gare.

Certi tacchi mi fanno più paura della trave. Speriamo di non cadere.

Già a Singapore avevo respirato l'aria internazionale e super mondana dei Giochi Olimpici, ma Londra era Londra... L'avevamo sognata tutta la vita.

C'era il corridore giamaicano Usain Bolt, circondato da una schiera di ragazzini urlanti, che si esibiva in una serie di "numeri" per loro. Faceva apposta il pagliaccio e si metteva in posa per i fan.

C'era il tuffatore inglese Thomas Daley, un figo pazzesco, guardatelo qui in foto e capirete perché era sempre circondato da ragazze svenute (noi comprese). Ho poi incontrato di nuovo Thomas a Los Angeles ai Kids' Choice Awards, la manifestazione organizzata dalla rete tv americana Nickelodeon, e abbiamo sperato di rivederci alle Olimpiadi di Rio 2016.

Vi piaccio
di più in divisa
olimpica
Armani...

...o con l'uniforme?
(Lo sapevate, vero,
che sono caporale
dell'Esercito?)

con Clemente Russo

con Valentina Vezzali

con Francesca Piccinini

con Nadia Comaneci

C'era il campione di nuoto Michael Phelps che cercava inutilmente di passare inosservato calando il cappuccio della felpa fin sopra gli occhiali da sole, ma era inutile perché lo riconoscevano tutti – e a ogni incontro seguivano momenti di delirio. E poi gli altri atleti italiani: Clemente Russo, Valentina Vezzali e Federica Pellegrini, Francesca Piccinini, Tania Cagnotto e Rosalba Forciniti, la judoka che era nell'appartamentino di Casa Italia con noi e che la sera della vigilia della prima gara ci ha tirato su il morale.

Insomma i vip erano dappertutto, c'erano più celebrità che spettatori. Tante le ho avvistate (per esempio il mito Nadia Comaneci), altrettante purtroppo le ho perse. In fondo, anche se la cerimonia ci aveva portato in un mondo magico, fatto di fuochi d'artificio, musica, suoni, colori, eravamo pur sempre lì per le gare: ed è stato meraviglioso rappresentare il nostro Paese, e scoprire l'immenso numero di persone che ci stavano seguendo attraverso la tv, credendo in noi e tifando per noi. Il nostro primo obiettivo era portare in alto i colori dell'Italia. E lo abbiamo raggiunto.

Finite le gare, mi sono consolata con lo shopping e con il cibo. La città era vestita a festa per noi, i venditori ambulanti dei mercatini ci facevano lo sconto, la mamma mi ha coperto di regali e da un ponte sul Tamigi un'enorme insegna dei cinque cerchi olimpici mi strizzava l'occhio, presagio del mio imminente tatuaggio. Il villaggio olimpico era bellissimo, e nel tempo libero lo esploravamo avidamente. Scovata la grande sala giochi, ci si sfidava al calcetto da tavolo, e se ci mancava il quarto giocatore pazienza, si acchiappava al volo un tizio del Guatemala che passava di lì per caso.

Gli atleti che non hanno più impegni sono rilassati e felici. I più grandi bevono qualche bicchiere in più, vanno nei locali e nelle discoteche per ballare in comitive che parlano tutte le lingue del mondo, tanto non si scambiano chissà quali discorsi, ci si diverte da pazzi e basta. Con qualcuno si resta in contatto attraverso Facebook. Nasce anche qualche flirt. Storie che durano una sera. Magari un bacio. Ma il giorno dopo bisogna ripartire per un altro continente, e quindi ciao.

E ora finalmente solo shopping, foto e souvenir.

Finite le gare, addio alla dieta. Abbiamo preso d'assalto l'enorme mensa internazionale. Sushi, ravioli indiani, pesci strani, pollo speziato, polpettine colorate...

Quanto al cibo... ci siamo abbondantemente rifatte del digiuno nervoso della vigilia. Durante gli allenamenti e prima delle gare ci tenevamo leggere – insalatina, fettina di carne, microscopici dolcetti –, limitandoci a frequentare solo la zona europea della mensa internazionale.

Conclusi gli impegni agonistici ci siamo abbuffate senza limiti geografici di menu. Dopo aver assaggiato di tutto, abbiamo deciso che la cucina delle nostre mamme resta la migliore del pianeta. (Anche se mi rimane il rimpianto di non aver dato fondo alle patatine e ai panini di un enorme McDonald's completamente gratuito a nostra disposizione dentro il villaggio olimpico. Quando mai rivedrò una cosa simile?)

Messaggio di mia sorella Ludovica prima di ogni mia partenza.

- ITA -

La più bella avventura
della nostra vita. Arrivederci
tra quattro anni? Chissà.

Il souvenir più bello di Londra lo porto sempre con me.

Uno, due, tre, quattro, cinque. Cinque cerchi. Secondo voi, quale tatuaggio sognavo al di sopra di ogni altro?

Volevo farlo già prima di andare a Singapore, per i Giochi Olimpici giovanili del 2010. Dopo tanti anni di allenamenti e di gare, il mio primo momento olimpico stava per arrivare, e volevo "fermarlo" sulla pelle con gli anelli simbolo delle Olimpiadi.

Tra me e la penna dell'incisore, però, c'era un ostacolo da superare: l'ostilità non dichiarata di mia madre.

Mi diceva: "Ma no. Non puoi farlo prima, porta male. Meglio dopo, così, per scaramanzia".

A Singapore, quando ho insistito, mi ha detto: "No, non adesso. Aspetta ancora un po'. Farai il tatuaggio dopo aver vinto la prima medaglia".

Dopo che avevo vinto ben tre medaglie, mi ha detto: "Sì, è vero, hai vinto le medaglie, però queste di Singapore non sono le vere Olimpiadi, sono solo i giochi giovanili. E se poi non arrivi alle vere Olimpiadi?".

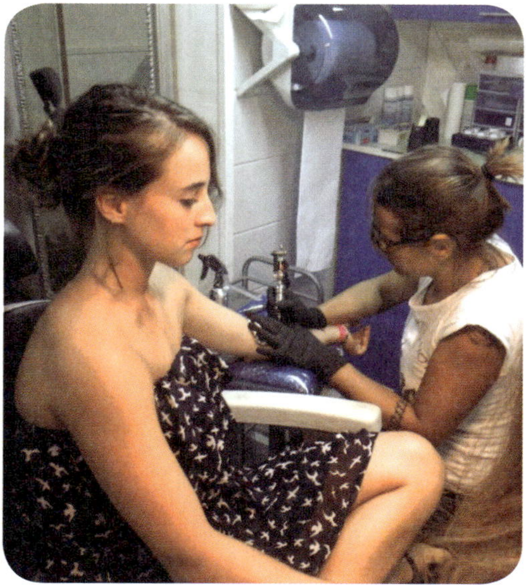
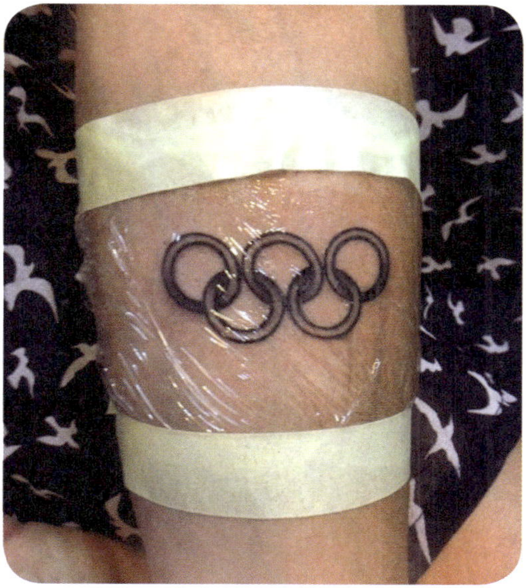

Insomma, una scusa dopo l'altra, mamma è riuscita a rimandare il tatuaggio fino quasi ai miei diciotto anni. La furbastra.

Dopo le Olimpiadi di Londra, però, mi sono presa la rivincita. Oggi sull'avambraccio sinistro ho i miei sudati cinque cerchi. Che hanno un senso proprio per tutta la fatica che ho fatto. Come atleta, per arrivare all'appuntamento di Londra. Come figlia, per ottenere da mia madre il permesso di tatuarmi.

E sul polso (sempre il sinistro) ho una scritta che mi sono fatta incidere sulla pelle a Los Angeles, una parolina sola: "Happiness".

Mia madre ha accettato il secondo tatuaggio solo a una condizione: "Guardalo ogni volta che ti sentirai depressa, così ti ricorderai che la tristezza passa e va, e che la tua allegria è la cosa più bella che hai".

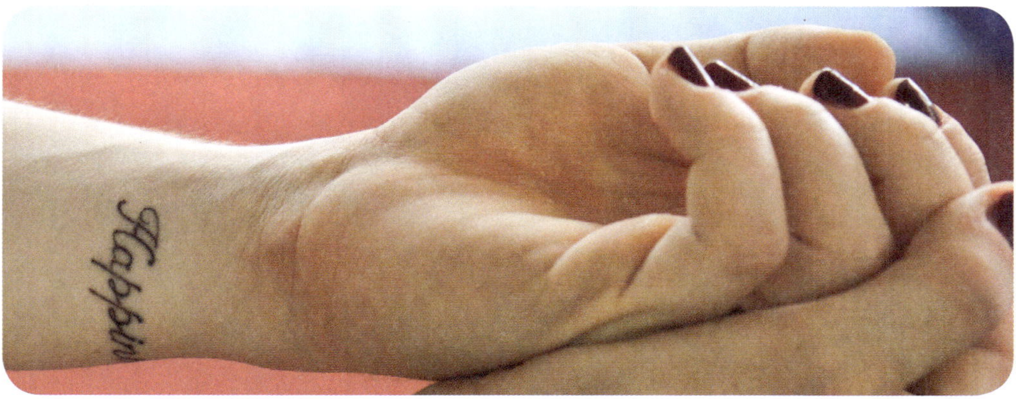

Tutti in palestra

Le parallele

Il corpo ondeggia, poi fa il giro completo, ed è la granvolta. Le mani lasciano la presa, si staccano e si vola. Un giro in avanti su se stessi, e poi le mani riafferrano lo stesso punto che avevano lasciato prima di spiccare il volo. Si chiama **JAEGER** ed è uno dei tanti salti alle parallele.

Le parallele nella ginnastica artistica femminile sono **ASIMMETRICHE**, una bassa e una più alta, e, singolarmente, nel gergo sportivo si chiamano **STAGGI**.

Eccomi in allenamento alle parallele.

Ci sono figure, come appunto lo Jaeger, che prevedono una partenza da uno staggio e il ritorno allo stesso, dopo una spettacolare capriola in aria.

E altre invece in cui il punto di partenza non coincide con quello di arrivo. Cioè, ci si stacca da una delle due parallele per fare un salto, e si termina impugnando l'altra. Il **TARZAN** (sì, proprio come l'uomo della giungla), per esempio, è un elemento spettacolare che prevede un salto dallo staggio più alto al più basso.

Prima di una gara, meglio prendere confidenza con il "nemico".

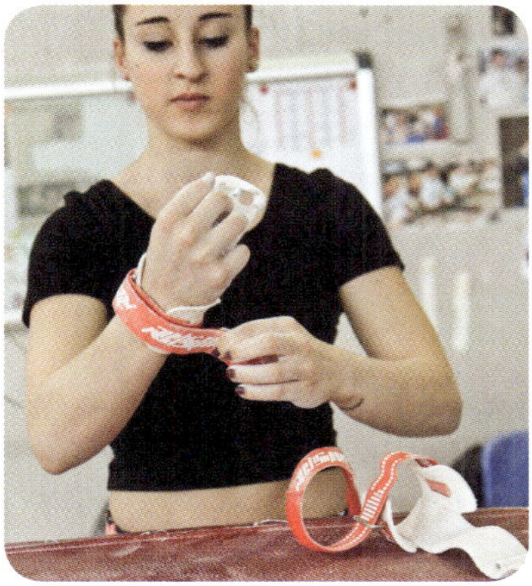

Ci sono molti modi di acquistare confidenza con le parallele. Ogni atleta per esempio sceglie come migliorare la presa delle mani sugli staggi.

C'è chi spalma miele e lo mescola con la polvere di carbonato di magnesio, in modo da formare un impasto che appiccica e tiene le mani salde. All'inizio anch'io mi servivo di questa "pappa" e la preparavo metodicamente in modo da essere certa di non volare via. Quante volte mi si sono staccate le mani e sono caduta. Dopo quei voli, ritrovare il coraggio e la fiducia non è per niente facile. Poi per aiutarmi ho cominciato a usare anche i **PARACALLI**, cioè delle fascette di cuoio che si legano alla mano e che assicurano una presa più salda all'attrezzo. Ed è andata un po' meglio.

PLAYLIST

i miei accessori preferiti

1 **Borse**

2 **Scarpe col tacco**

3 **Collane**

4 **Bracciali**

5 **Smalti**

10 dita e 185 smalti

Per quanto riguarda le mani, mi piacerebbe avere più tempo per rimediare ai danni che faccio rosicchiando le pellicine per il nervosismo, ma mi limito a curare molto le unghie, e adoro comprare smalti. Ne ho circa duecento di tutti i colori, ho perso il conto (l'ultima volta che ho fatto la rassegna erano centottantacinque, ora chissà).

6 Scarpe da ginnastica

7 Ombretti

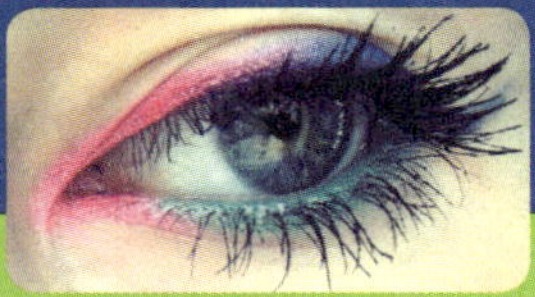

giuria, a me gli occhi

Da piccola non mi piaceva truccarmi, ora ci provo più gusto. Lo faccio soprattutto in occasione delle gare. Allora sì che mi scateno. Trucco gli occhi in base al body che indosso. Alla vigilia degli incontri internazionali faccio tutti i miei esperimenti. Mi piace accostare colori (il mio preferito è l'azzurro) e provare look azzardati, come il verde e fucsia che ho esibito per le Olimpiadi di Londra. Lo sguardo fa molta scena, soprattutto nelle prove del corpo libero, dove i giudici valutano anche l'espressività delle atlete. La mia coreografa mi suggerisce: "Hai occhi da tigre, usali!"

8 T-shirt

9 Orecchini

10 Occhiali da sole

Evviva,
ho gareggiato
alle Olimpiadi!
Ma ora
non so più
che fare.

9

Aiuto, mi si sono ristretti i sogni

Era dicembre, cinque mesi dopo le Olimpiadi, e stavo seriamente pensando di smettere, di mollare tutto. Un momento di confusione o di smarrimento capita, e quello è durato veramente a lungo.

Avevo fatto tanti giorni di pausa senza allenamenti. Ero stata in vacanza, finalmente rilassata, e con tanto tempo libero da dedicare alla famiglia, agli amici, al divertimento. Per la prima volta nella mia vita, avevo trascorso intere settimane senza fare sacrifici. Una vacanza così lunga da... desiderare di non interromperla più.

Poi ero ritornata a lavorare in palestra, ma quando un atleta si ferma per così tanto tempo perde il tono muscolare, la forma, tutto, e ricominciare diventa molto più difficile. Facevo gli esercizi e li sbagliavo, e più li sbagliavo più m'innervosivo. Sentivo di stare buttando via il mio tempo. Mi sembrava davvero inutile continuare.

Insomma, c'è stato un momento in cui mi sono guardata allo specchio e mi sono detta: "Ma forse non ho più voglia di fare niente".

Pensavo: "Il sogno delle Olimpiadi l'ho realizzato, adesso me ne devo trovare un altro". In palestra facevo una fatica pazzesca, ero svogliata e non m'impegnavo più al massimo... Davanti alle difficoltà dicevo: ci penserò domani... La scuola non era ancora ricominciata e il pomeriggio uscivo spesso.

Avevo una quantità per me straordinaria di tempo libero e stavo cominciando a prenderci gusto.

I miei genitori se ne sono accorti e mi hanno parlato. Loro per fortuna mi hanno sempre aiutato a rimanere con i piedi per terra. Quando hanno visto che avevo conquistato una grande popolarità grazie alla televisione (*Ginnaste*, il programma su di noi che va in onda su MTV, nel frattempo era sempre più seguito) mi hanno ricordato: "Tu sei prima di tutto Carlotta Ferlito, ginnasta, e ti devi impegnare seriamente in quello che fai, cioè lo sport". Dopo le fatiche di Londra mi avevano detto: "Decidi tu se continuare o no. Se hai voglia di restare a Milano e di fare ancora progressi bene, resti lì e ti metti d'impegno, altrimenti decidi cosa fare nella vita, non puoi ciondolare senza nessuna ambizione".

Io ancora non avevo preso la mia decisione, almeno non fino in fondo.

Ma poi mio padre mi ha scritto una cosa che mi ha fatto pensare. Guardate il display.

Ogni volta che rileggo questo messaggio di mio padre, mi viene un tuffo al cuore.

Me l'ha mandato nel periodo più difficile della mia vita da ginnasta.

Qualsiasi problema,
qualsiasi momento:
la musica è l'unica
che c'è sempre
quando ne hai bisogno.

Come la mia famiglia, anche gli allenatori e i tecnici sono stati fondamentali per ritrovare la strada giusta. Sono stati proprio loro, vedendomi in difficoltà, a consigliarmi. "Perché fermarsi ora che hai scoperto solo il 50 per cento delle tue vere potenzialità?" mi hanno detto. "Pensaci bene, se molli tutto, domani potresti pentirtene... Se scommetti ancora su di te, invece, puoi continuare a vincere."

Da gennaio a oggi ho ripreso ad allenarmi.

In fondo la ginnastica è sempre stata la cosa che mi è riuscita meglio e che mi è piaciuta di più. Perché smettere?

I miei fan sono pazzi come me!

Ogni giorno parlo con i miei fan su Facebook e Twitter, ma l'emozione più grande restano per me gli incontri con i miei tifosi dal vivo, quando tutto il palazzetto grida il mio nome e sembra che debbano venir giù i muri... Poi tutti ormai sanno che mi piace il tifo, quindi, quando mi vedono, esplodono. Per questo leggo tutti i messaggi che mi arrivano, e a tanti rispondo. Adoro il rapporto con i miei follower e lo coltivo come se fossero tutti amici miei. Molti mi mandano regali, soprattutto dolci, cioccolatini, uno mi ha regalato perfino una macchinetta per il caffè espresso e il cappuccino, magliette e letterine; mia madre ha trovato messaggi perfino dentro la buca delle lettere nella nostra casa di Catania. Sono tutti pazzi. Come me.

Un giorno vi abbraccerò tutti, lo so.

Carlotta Ferlito @CarlottaFerlito
@bulfarus non proprio HAHAHA
Visualizza conversazione
Risposta Retweet Aggiungi ai prefe

StayStrong♡ @F8Eli
@CarlottaFerlito credo tu sia l'unica sulla
ogni santo giorno il buongiorno e ci chied
Ritwittato da Carlotta Ferlito
Visualizza conversazione

die @kidrauhlssaveme
@CarlottaFerlito mi hai salvata amore , ti vog
mai di dirlo . Senza di te non ce la avrei fatta
Ritwittato da Carlotta Ferlito
Espandi

Carlotta Ferlito @CarlottaFerlito
BUUUUONGIORNO BELLEEEEEZZE!
Ma lo sapete che vi voglio davvero bene? :)
Espandi

Cosapensomentrevolo❤ @carlofollowme
@CarlottaFerlito Mia madre mi dice sempre che sei un'esempio da seguire ❤
Ritwittato da Carlotta Ferlito
Espandi

Carlotta Ferlito @CarlottaFerlito
Oggi devo fare la spesa. #badsituation
Espandi

Carlotta Ferlito @CarlottaFerlito
Fossero tutti così i risvegli.. ❤
Aggiunto ai preferiti 79 volte
Espandi

PROUD ♡ CF @C8cof
@CarlottaFerlito in ginnaste ogni volta che qualcuno é in difficoltà, tu sei lí a sostenerla. Questa é amicizia! SEI UNA RAGAZZA D'ORO ♥
Ritwittato da Carlotta Ferlito

PROUD ♡ CF @C8cof
@CarlottaFerlito LA. TUA. UMILTÀ. AJSYWDHWKSNK ♡♥ ♡♥ ♡♥
Ritwittato da Carlotta Ferlito
Espandi

Carlotta Ferlito @CarlottaFerlito
@Macciaoo ma hahahhaha
Visualizza conversazione

Carlotta Ferlito @CarlottaFerlito
@Macciaoo si l'ho vista su insta ma noj capisco né cosa c'entri, né perché ce l'hai con lei! HAHA #tellmeeverything
Visualizza conversazione

Carlotta Ferlito @CarlottaFerlito
Obsessed with Miley's #WeCantStop omg i'm listening it for about 2 hours
Espandi

Carlotta Ferlito @CarlottaFerlito
@Macciaoo no dimmi racconta, non capisco hahhs
Visualizza conversazione

Carlotta Ferlito @CarlottaFerlito
@Macciaoo ??
Visualizza conversazione

StayStrong♡ @F8Eli
Sei una vincente, sulla trave,nella ginnastica e nella vita♥
@CarlottaFerlito pic.twitter.com/XV5zLrUHYu
Ritwittato da Carlotta Ferlito
Visualizza la foto

Our 'sport hero'♡. @ferljtoseyes
"@CarlottaFerlito scored one of the biggest victories of her career this weekend, and this time it wasn't anyway near the balance beam."
Ritwittato da Carlotta Ferlito
Espandi Risposta Retweet Aggiungi ai preferiti ••• Altro

Carlotta Ferlito @CarlottaFerlito
@District4_ever HAHAHAHHAA
Visualizza conversazione

sere∞cf @scommet_tiamo
@CarlottaFerlito 'non vi abbandonerò mai' è una delle frasi più belle che hai detto ai tuoi fan ♥ ti amo!
Ritwittato da Carlotta Ferlito
Espandi

'rhythmix' @Macciaoo
@CarlottaFerlito Tu veramente sei ferlyduracell se fossi stata in te gia

Guardate che cosa mi hanno regalato:

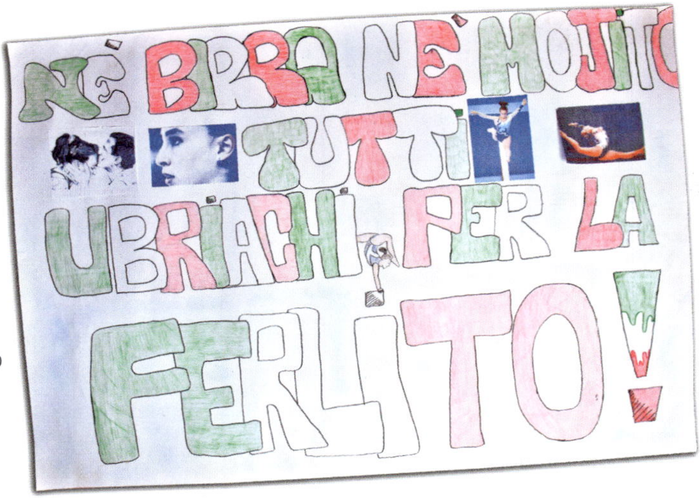

Tantissimi cartelloni

con foto, dediche, disegni.
Il mio preferito è quello con la scritta: "Né birra, né mojito, tutti ubriachi per la Ferlito".

Un paio di scarpe Converse

con la bandiera inglese, i cinque cerchi olimpici e la frase "You will never walk alone".

Gadget della mia boyband preferita

(cd, poster, calendari, persino le bambole degli One Direction).

Cover per l'iPhone

visto che sanno che mi piace cambiarle sempre.

CARLOT
Carlotta!
"la storia di una Campionessa"
la perfezione ha un nome? yeah buddie, Carlotta Ferlito
"Ti seguo forse da un anno, e non me ne sono pentita.."
TANTI
"Carlotta Ferlito ha aggiunto un tuo tweet ai PREFERITI" leggo questo e
Grazie!
Posso dirti una cccossa?
SEI
Super Mega
FIGA
OH
VOI LA CHIAMATE
CARLOTTA FERLITO
NOI LA CHIAMIAMO
"ORGOGLIO CATANESE"

A FERLITO
YOUTH OLYMPIC GAMES.. SINGAPOR 2010
CARLOTTA SEI MITICA!
Ti Voglio Un Mondo di Bene
GAMBA
Urla il Tuo Sogno, Punta il Cielo e Vola
London 2012
GAMBA
CARLO !
NON PENSARE ALLA DISTANZA TRA SOGNI E REALTA'!... SE PUOI SOGNARLO PUOI FARLO
PADOVA, 23-02-2013
Italie
SIAMO TUTTI CON TE
FACCI SOGNARE
Errorina

Love,
Love,
Love

10

Amore e ginnastica

Matteo, detto Teo, è piombato qui a Milano, al Centro Tecnico Federale di via Ovada, un sabato mattina di metà gennaio.

Tutto rosso, pieno di lentiggini, alto e magro, un anno più piccolo di me, nato il 21 agosto, segno zodiacale Leone, all'inizio per me era solo "l'amico di Marco", un ragazzo che frequenta il Centro già da qualche tempo. Teo è invece una new entry. La sua famiglia abita a Melzo e lui viene qua solo una volta la settimana per allenarsi e perfezionare la sua preparazione al corpo libero.

Qualche fine settimana dopo, era di nuovo sabato, io avevo finito i miei allenamenti e stavo studiando nella saletta del Centro, quando me lo vedo spuntare sulla porta.

"Ciao."

"Ciao."

"Che fai?"

"Aspetto Marco per tornare a Melzo."

"Ah, bene."

E ho ripreso a studiare. Ricordo che stavo facendo i compiti di Italiano. Preparavo schemi tracciando delle belle linee diritte con la penna e il righello. A un tratto la penna ha fatto una linea storta, come se il braccio avesse preso un colpo.

Teo, dopo aver girellato un poco lì intorno al tavolo, mi aveva spinto leggermente il gomito.

"Scusa" mi dice.
"Non l'ho fatto apposta."
"Niente, figurati."
E ha continuato a camminare lì vicino, aspettando il suo amico.
Un minuto dopo, sento un'altra piccola botta, e un'altra riga storta si aggiunge allo schema sul mio quaderno.
"Scusami" dice Teo, ma stavolta rideva.
Poi ha preso la penna e mi ha scarabocchiato l'intero foglio, allora io mi sono alzata e ho cominciato a inseguirlo intorno al tavolo, "Ridammi subito il mio quaderno!" strillavo, ma lui niente, aveva deciso che avrebbe impiegato quel quarto d'ora rompendomi le scatole e c'era riuscito.
Poi finalmente Marco è arrivato e tutt'e due sono andati a raggiungere i genitori di Teo che aspettavano in macchina davanti ai cancelli.

La prima volta che l'ho visto ho pensato solo: "Che capelli che ha, quello lì". Punto. Non m'ispirava niente.

Una settimana dopo quel sabato pomeriggio ero andata a ballare in discoteca, a Seregno, con i miei colleghi del Centro Tecnico. A sorpresa, Teo ci aveva raggiunti lì con Filippo, un altro dei ragazzi che si allenano con me. Filippo mi aveva telefonato da fuori "Dove siete?". Ed io: "Aspettatemi che vi vengo a prendere". Li avevo accompagnati al guardaroba e poi ero tornata in pista. Loro due sono stati dentro per un po' e poi quando sono andati via, a notte fonda, non mi hanno nemmeno salutato.
Il giorno dopo ho visto che entrambi avevano commentato una foto della serata su Facebook: "Bella serata in discoteca".
Io ho commentato a mia volta: "Begli stronzi, che nemmeno mi salutano quando vanno via".

Se vi piace qualcuno che cosa fate?

Teo dev'esserci rimasto male, perché ha chiesto a Filippo di mettersi in contatto con me. "Teo vorrebbe dirti qualcosa, posso dargli il tuo numero di cellulare?". Io ho risposto di sì, e quel giorno stesso mi ha scritto per scusarsi dell'episodio. "Ma figurati" gli avevo risposto.

In realtà avevo capito che era solo un pretesto per avere il mio numero. Infatti da quel momento abbiamo cominciato a mandarci messaggi e a chiamarci con una certa frequenza.

In quel periodo ero un po' triste, era finita la storia con il mio precedente ragazzo, non avevo le idee molto chiare sul futuro e sognavo un amore megasuper. Una cosa marziana. Per tenermi in allenamento leggevo tutti i bigliettini dei Baci Perugina. All'ultima festa di San Valentino, il 14 febbraio, vigilia dei miei diciotto anni, fantasticavo di ricevere in regalo una piramide di Lindor bianchi, al cocco e alle nocciole. Pensavo che il ragazzo del mio destino si sarebbe fatto riconoscere così, saltando fuori da un uovo di Pasqua, scendendo da una montagna di cacao, piovendo dal cielo dentro una cascata di Smarties.

Mi avrebbe detto: "Hey, ma cosa ci fa una come te qui alla fermata del metrò? Vieni con me, ti porto nella mia fabbrica di cioccolato, dove Johnny Depp e gli One Direction ci stanno aspettando per suonarti quel pezzo che ti piace tanto...". Va be'. Insomma, la pazzia.

Il 15 febbraio, giorno del mio diciottesimo compleanno, ho invitato Teo alla mia festa. Nei giorni successivi ci telefonavamo spesso, chiacchieravamo, ridevamo tanto per cavolate, non so, per esempio, commentando i film di Harry Potter in tv. Mi scriveva cose come "Anch'io da grande farò il mago" e robe del genere.

E poi finalmente
è arrivata
la "Grande Notte".

Era il 9 marzo, c'era un evento super agli East End Studios di Milano, la serata di Afrojack, uno dei più grandi deejay del mondo, organizzata da Overmind e Magazzini Generali. Imperdibile. Teo voleva assolutamente che io ci andassi con lui. "Guarda che ti ho già comprato il biglietto" mi aveva detto al telefono. "Non prendere altri impegni: tu vieni con noi." Mi era sembrato quasi un ordine e non avevo osato contraddirlo.

Così siamo andati. Data l'energia con cui mi aveva voluto lì, ero convinta che ci avrebbe provato sei minuti dopo l'ingresso in pista (e un po' lo speravo). Invece, nulla. Lui si era messo a ballare con i suoi occhiali da sole sul naso, e a tutto sembrava pensare tranne che a me, che saltellavo lì vicino. Boh. Mago sì, ma non dell'abbordaggio.

Altro che farfalle, nel mio stomaco ci sono aquile che fanno boom boom.

Dopo tre ore cominciavo a disperare. Più il ritmo dei pezzi mixati esplodeva dalle casse, più mi scorreva in mente il calendario dei miei prossimi appuntamenti sportivi. Di lì a pochi giorni sarei dovuta andare in ritiro a Brescia, poi in Francia per la coppa del mondo, fissata per il 16 marzo, poi a Los Angeles per i Kids' Choice Awards 2013, e sarei rimasta in America una settimana intera, e al ritorno sarebbe stata Pasqua... Morale: io e Teo non ci saremmo visti per almeno un mese!

Pensavo: o stanotte o mai più. Tutto si giocava nel giro di mezz'ora, o forse di pochi minuti, proprio come nelle gare olimpiche. La mamma di Francesca, la mia amica, sarebbe venuta a prenderci a momenti.

Ma chi comincia? Io sono una ragazza un po' all'antica: è il maschio che deve prendere l'iniziativa. Almeno, di solito funziona così. Tu mi hai invitato, tu ci provi. Io ho fatto la mia parte, ho accettato l'invito, ora tocca a te darti una mossa. Mica posso fare tutto io. Mentre pensavo così, lui ballava per i fatti suoi.

Io ero Cenerentola, lui il Bell'addormentato e intanto si erano già fatte le due del mattino, la carrozza sarebbe diventata una zucca, e in breve tutto sarebbe finito. Buonanotte.

Dopo un po' Francesca mi dice: "Carlo, io comincio a spostarmi verso l'uscita, perché sta per arrivare mia madre". Nello stesso momento Teo, che forse aveva sentito, è venuto a ballare più vicino, proprio alle mie spalle, e mi ha dato i suoi occhiali da sole.

Gli ho sorriso e li ho indossati, senza smettere di ballare.

"Alè", mi sono detta, "Forse è fatta".

Invece, niente.

"Dai che ce la puoi fare", mi ripetevo.

Ma lui nulla, ballava dietro me e basta, sfiorandomi appena. Che palle. Allora mi sono detta: sai che c'è? Non intendo passare tutto il prossimo mese rimpiangendo di non aver colto l'attimo. Ci penso io a te. Basta.

Così, proprio mentre scattava l'ultima chiamata per il passaggio in macchina con la mamma di Francesca, mi sono voltata di scatto, mi sono sollevata sulla punta dei piedi e l'ho baciato sulle labbra. Sono un genio.

Lui a quel punto si è svegliato e ha ricambiato il bacio. Tutto è durato un attimo. Un istante dopo, ero in coma sul sedile dell'auto della mamma di Francy ma in realtà da tutt'altra parte, chissà dove, sul pianeta rosso, dove tutti i marziani hanno i capelli rossi.

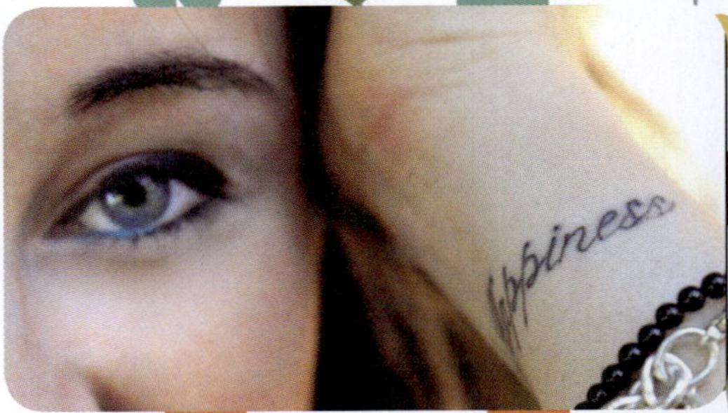

Dopo la Grande Notte di Afrojack sono partita per Brescia prima e per la Francia dopo, e infine per Los Angeles, dove ho comprato a Teo un regalo che gli ha fatto molto piacere, la canottiera dei Los Angeles Lakers, la leggendaria squadra di basket. Quando ci siamo rivisti, commentando la sera del 9 marzo in discoteca, Teo mi ha rivelato che il nostro amico Filippo, alla vigilia della serata, gli aveva fatto una profezia in tono solenne (che poi si è avverata):

"Secondo me, tu stasera ti baci la Carlotta".

E lì, risate.

It's Friday I'm in love?
No, it's Wednesday
ma sono in love lo stesso.

E comunque,
tutti i "Ti amo" del mondo
non faranno mai un
"Ti trovo dimagrita".

Ti Amo

rima di Teo l'uomo
iù importante della mia vita
ra stato... mio padre.

Di solito è lui che mi manda i messaggi affettuosi, o che mi accompagna fuori a pranzo e a cena. Ogni tanto mi dice: "Sei un cadavere, o mangi o t'imbocco, decidi tu". Altro che un fidanzato, a volte sembra più il mio badante, o un infermiere.

Papà sa fare i miracoli...

...eccolo qui mentre cammina sull'acqua.

Quando ancora i capelli di Teo non erano apparsi all'orizzonte, avevo avuto altre due storie, brevi. La prima "cotta" era stata per Nicola, un ginnasta come me. Nel 2010 avevamo tutt'e due quindici anni e ci allenavamo nella stessa palestra. Poi, dal nulla, è scattato qualcosa... Siamo stati bene insieme per un po', ma alla vigilia di un allenamento importante gli avevo detto: "Meglio finirla qui, è inutile portare avanti una storia se non ci possiamo vedere per tutta l'estate". In realtà non era stata una vera fine. Pur essendoci di fatto lasciati, continuavamo a vederci, a uscire insieme, e a darci ancora qualche bacio. Finché un giorno, navigando al mio computer ho incontrato una brutta sorpresa. Esplorando il profilo Facebook di Nicola, avevo scoperto che si era messo con una nuova ragazza: "Impegnato con Tizia". Ma che cavolo. Solo la sera prima mi aveva ripetuto di amarmi, e la mattina dopo si era già fidanzato con una che non ero io. Va be', lasciamo perdere.

Chi ti vuole sentire, ti chiama.
Chi ti vuole vedere, trova tempo per te.
Chi ti desidera, ti cerca.
Il resto sono solo balle.

Il mio secondo ragazzo è stato Christian, anche se il nostro non è stato un fidanzamento ufficiale.

Aveva iniziato a scrivermi su Facebook nel 2011. "Ciao, sono Christian, ti ho visto in tv, sei bellissima, mi piacerebbe conoscerti."

La sua semplicità mi aveva conquistato. Subito prima delle Olimpiadi di Londra c'eravamo sentiti spesso, e subito dopo avevamo cominciato a uscire insieme.

Christian mi faceva sentire una principessa, "Vicino a te mi sento il re del mondo..." mi diceva. Cercava di farmi felice in ogni modo.

La storia è durata pochi mesi, da ottobre 2012 a gennaio 2013. Poi mi sono resa conto che forse non ero veramente innamorata di lui, nonostante fosse un ragazzo perfetto (forse anche troppo, per me), ed è finita. Peccato, perché Christian era proprio carino.

Con Teo mi sono subito trovata bene, perfettamente a mio agio. Lo so che può sembrare banale, però è così: ci siamo capiti fin dal primo momento. Non so spiegare che cosa mi abbia conquistato del suo modo di fare.

Teo è solare, allegro, spiritoso. E poi anche lui è un atleta, e comprende la mia vita.

Tanti amici mi dicono: "Mai fidanzarsi con un ginnasta". Ma con lui c'è un'intesa speciale.

Non è invadente, né ossessivo come certi altri ragazzi, che se non rispondi alle loro telefonate cominciano a tormentarti: "Perché non guardi il cellulare? Dove sei? Con chi sei? Che cosa stai facendo?". Anche se è un po' più piccolo di me (io sono già diplomata, lui deve ancora finire il liceo scientifico e non ha ancora idea di che cosa farà da grande) è un ragazzo molto maturo e sicuro di sé.

Quando siamo liberi il sabato andiamo a passeggiare in centro a Milano, in piazza Duomo, o al Castello, dove capita. Oppure andiamo a scatenarci in discoteca, perché tutti e due adoriamo ballare.

Teo mi fa ridere e sa come tirarmi su quando sono in crisi.

Spesso quando dovrei studiare e non ho voglia di concentrarmi sui libri, mi spedisce una mia fotografia, che mi ha scattato lui, in cui gonfio le guance come un pallone. "Guardati", mi scrive, "in questo momento sei così, un palloncino imbronciato". È un ritratto che a lui piace tanto, perché dice che è ridicolo, e tenero, allo stesso tempo. Con lui sto bene, e durante il mio soggiorno a Mosca per i campionati europei 2013 ne ho avuta la prova: all'idea di non vederlo per dieci giorni ero andata in paranoia.

Nella camera d'albergo mi ero buttata sul letto per non pensarci, e il materasso era scomodissimo. Mi ero detta: mi consolerò collegandomi subito con lui attraverso Skype, ma la connessione Wi-Fi non funzionava.

Disperata, mi ero alzata per annegare il mio dolore nell'acqua frizzante. Ma nel frigobar c'era solo quella liscia. Insomma, so che al mondo ci sono problemi più gravi di questi, però...

Sì. Sono proprio cotta.

Anche per l'amore serve allenamento.

Questo per esempio è un salto di gioia.

PLAYLIST

i miei desideri

1 **Cominciare ad allenarmi per le prossime Olimpiadi** (forse)

2 **Recitare in un episodio della saga di Harry Potter**

3 **Girare un film con Johnny Depp** (l'ho incontrato a Los Angeles e mi sono fatta fotografare con lui, dribblando i suoi bodyguard)

4 **Sfilare come modella per Armani**

5 **Cantare con Emma al Festival di Sanremo**

6 Arrivare a 1,60 m di altezza.
Mi manca un centimetro e mezzo, ce la posso fare secondo voi?

7 Sviluppare il superpotere del teletrasporto

8 Imparare il russo per fare finalmente due chiacchiere con Viktoria Komova.
Almeno così saprò che cosa pensa di me.

9 Avere il Wi-Fi illimitato sempre e dovunque
e un iPhone con una batteria che non si scarica mai.

10 Fare il piercing all'ombelico
oppure un altro tatuaggio (ma non ditelo a mia madre).

Cosa farò
da grande?

11

Un salto nel futuro

Finita la maturità (promossa!) mi sono trasferita con i miei fratelli Gianpaolo e Ludovica in un nuovo appartamento a Milano e ho detto addio per sempre al residence. Finalmente una casa vera e di nuovo una famiglia! Ma ora, archiviati gli ultimi impegni internazionali, che cosa sarà di me, da domani? Vediamo... Ho fatto le Olimpiadi. Sono arrivata al massimo livello che ogni atleta può desiderare. Però non ho vinto la medaglia olimpica, il trofeo più inseguito da ogni atleta, che peccato. Mi piacciono i sogni. Il sogno dell'Olimpiade dura un quadriennio. E il prossimo appuntamento è con le Olimpiadi di Rio, nel 2016. Nel frattempo, mi piacerebbe molto studiare lingue, o esaminare le proposte che mi arrivano dal mondo dello spettacolo. Prenderò sicuramente la patente. Un giorno forse mi sposerò e avrò dei bambini, due o tre, non tantissimi. Adesso però è troppo presto. La mia età, diciotto anni, è una soglia di svolta per chiunque. Figurarsi per gli sportivi. La ginnastica diventa di anno in anno più difficile. I nuovi codici, sempre aggiornati, prevedono sempre più penalità, e anche le regole diventano via via più severe. Non si può fare questo, non si può fare quest'altro... Fra un po' alle ginnaste sarà chiesto di fare gli esercizi con una benda sugli occhi! Se negli anni Settanta Nadia Comaneci vinceva facendo una ruota sulla trave, oggi se non fai qualcosa di veramente difficile, non sei nessuno.

Calamite di tutto il mondo unitevi sulla mia lavagna!

Ops, ma qui non c'è più spazio!

Non baciare tuo marito, forse torna di moda!
Quando conto le mie fortune ti considero sempre due volte
Otto
Mike
CAPPADOCIA
Dubai
MALAYSIA
IRELAND
LOURDES
Jubilate!
1858
2008
BEST OF BRITISH
ABU DHABI

Per tanto tempo sono stata la seconda ginnasta d'Italia (dopo Vanessa Ferrari) ma altre aspiranti campionesse si affacciano già sulla scena. Mi guardo intorno: in palestra avanzano nuove leve, le ultime bambine prodigio. Scalpitano, e la loro concorrenza è giustamente agguerrita.

Tante ginnaste, finita la preparazione e le Olimpiadi, si ritirano. Poi magari se ne pentono, e ritornano a combattere sulla scena internazionale.

Così aveva fatto, per esempio, la rumena Catalina Ponor, che aveva lasciato nel 2007, a causa di un infortunio, e che è riapparsa a sorpresa nel 2011, perché non riusciva a stare lontana dalle pedane.

La ginnastica è così. Miele e polvere di magnesio evidentemente danno dipendenza, o forse sarà il profumo della vittoria che ci tiene legate a questi quattro attrezzi, a questi tappeti elastici, come dentro un incantesimo.

Papà mi ha consigliato: "Non rinunciare a quello che vuoi di più, per quello che vuoi adesso".

Molte delle atlete che avevano smesso e che si erano ritirate perché pensavano di aver esaurito le loro risorse, sono poi riuscite a ritornare a grandi livelli. Una donna atleta non è finita a 18 o a 20 anni, come si potrebbe pensare. Se non si è rotta niente, se fisicamente è a posto, può andare avanti ancora per qualche anno.

Qualcuno mi domanda: "Quanto dura la vita professionale di una ginnasta?". Dipende da tante cose: dalla tua salute, dal tuo fisico, dagli incidenti che ti capitano. Non è solo una questione anagrafica: la ginnasta uzbeca Oksana Chusovitina, per esempio, che oggi ha trentotto anni, è così resistente che è già alla sua settima Olimpiade, ma lei è un caso quasi unico.

Insomma, tanto per capirci, è una questione anche di testa.

CALIFO
Hello Kitty
by carly
Carly
x)
xD
<3

I miei allenatori ripetono che quello della ginnastica è un mondo particolare. Un'isola, forse, ma un'isola dove sto bene, nonostante tutto.

Bisogna impegnarsi tanto, è vero. La vita di un atleta è durissima. Servono molta determinazione, tenacia, costanza. Bisogna seguire una dieta equilibrata e controllata, restare leggere per saltare, ma conservare e coltivare i muscoli per garantirsi la potenza di quel salto. Non possiamo andare ad abbuffarci da McDonald's tutte le volte che ci pare, né in pizzeria o al ristorante, né in gelateria o in pasticceria come tutti i ragazzi del mondo quando hanno voglia di qualcosa di dolce. Non possiamo mai mangiare tutto quello che ci piace, finché ne siamo sazie. Non si può fare tardi la sera perché il fisico va aiutato. Non puoi fare molte vacanze perché perdi il tono muscolare. E per rispettare queste regole ci vuole testa, si deve sempre controllare qualcosa, non si è mai del tutto liberi mentalmente.

Ci vuole tanto impegno.
Ma, mi avvertono i miei genitori,
"ne serve altrettanto anche là fuori".
Nel mondo, intendono.
Quello che si spalanca oltre
le finestre di questa palestra,
dove ho trascorso
la mia adolescenza,
e che a qualcuno può
sembrare una prigione.

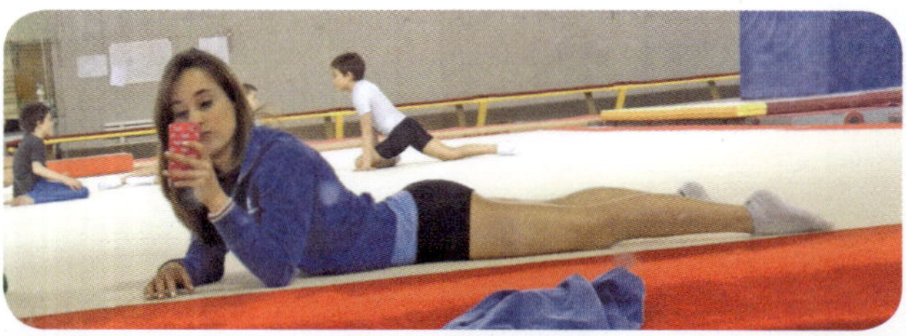

Tutto è impegno! Tutto è fatica! Non soltanto lo sport.

Lavorare, studiare, diplomarsi, dare un esame all'università, tenere in ordine una casa, dare il meglio di sé, insomma, vivere. "E quindi", dicono i miei, "se comunque devi sudare e mettercela tutta, perché non continuare a farlo in palestra?". In effetti, sarebbe difficile trovare le stesse soddisfazioni altrove.

La ginnastica è la cosa
che ho amato di più nella vita.
Emozioni forti.
Migliaia di occhi puntati addosso.
Le urla d'incitamento dagli spalti.
L'orgoglio di portare in alto
la bandiera del mio Paese.
I vostri volti.
Voi Carliter siete sempre con me.
Ciao, amori miei.

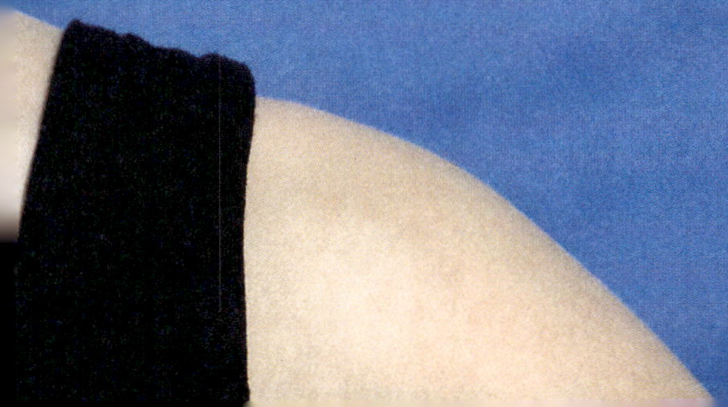

ARTISTI
世界体操 TOKYO 2011
SFK Jahrhund
Carlotta FERLITO
GERÄTTURN
F.G.I. - C.R. SICILIA
CAMPIONATO NAZIONALE ASSOLUTO
"RANA GIOIAVERDE CUP"
G.A.F.
2ª CLASSIFICATA
U.S. A.CASATI
INTERREG. GINN. FEMM. SUD
ALL.LIV.9-10 ANNI I°CLASS

Palmarès
Le mie medaglie più importanti

Meda 2009
CAMPIONATI ITALIANI ASSOLUTI

3° Volteggio
3° Corpo Libero

Doha 2009
GYMNASIADI

2° Italia
2° Trave

Berlino 2011
IV CAMPIONATO EUROPEO INDIVIDUALE

2° Trave

Meda 2011
CAMPIONATI ASSOLUTI

1° Trave
1° Corpo Libero
2° Volteggio
2° Concorso Generale

Catania 2012
CAMPIONATI ASSOLUTI

1° Trave
2° Concorso Generale

Londra 2012
TEST EVENT OLIMPICO
London Prepares

1° Italia
1° Trave
3° Concorso Generale

Legenda

Medaglia d'oro

Cesena 2009
CAMPIONATI JUNIOR II FASCIA

1° Trave
2° Volteggio
2° Parallele
2° Concorso Generale

Ancona 2010
CAMPIONATI ASSOLUTI

1° Volteggio
2° Trave
3° Concorso Generale

Singapore 2010
YOUTH OLYMPIC GAMES

2° Trave
3° Volteggio
3° Concorso Generale

Birmingham 2010
CAMPIONATI EUROPEI JUNIORES

3° Italia

Bruxelles 2012
CAMPIONATI EUROPEI

3° Italia

La Roche Sur Yon 2013
COPPA DEL MONDO

1° Trave
3° Corpo Libero

Medaglia d'argento

Medaglia di bronzo

Crediti fotografici

© Sergio Pappalettera, Athanasios Alexo/StudioProDesign: pp. 2, 10-11, 16, 18-19, 24, 28, 30, 31, 32, 44-45, 50-51, 53 (medaglia), 54-55, 58 (cerchio in alto), 68, 70-71, 74, 75, 76-77, 80-81, 87 (medaglia), 88-89, 96-97, 99, 102-103, 112 (medaglia), 116-117 (medaglia), 128, 132-133, 142, 143 (in basso), 144-145, 146 (cerchio in alto), 152, 154-155, 158-159, 170-171, 175, 182-183, 185, 190-191, 192-193, 204
© Augusto Bizzi: pp. 31 (cerchio in basso), 58-59, 60, 62-63, 66-67, 69, 71 (riquadro in alto a sinistra), 92-93, 150 (a sinistra), 179 (al centro)
© Filippo Tomasi: pp. 6-7, 8 (a destra), 42-43, 58 (cerchio in basso), 90, 110, 114-115, 117 (in alto), 126-127, 180
© Giuliano Prili: pp. 78, 82, 83, 84-85, 86, 87
© Alessandro Miraglia: pp. 167, 168 (in alto), 177, 179 (in alto), 196, 199
© Alan Edwards: pp. 56-57
© Alan Edwards/Actionplus: pp. 48, 52, 53
© AP Photo/Wong Maye-E: pp. 64-65
© iStockphoto: pp. 72-73, 100-101
© FIG-PHOTOS.COM: pp. 94, 98
© Photo by Adam Pretty/Getty Images: pp. 104-105
© Rogan Thomson/Action Plus: pp. 112-113
© AP Photo/PA, Anthony Devlin: pp. 112-113 (al centro)
© John Thys/AFP/Getty Images: pp. 116-117 (in basso)
© United Press International/eyevine: pp. 130-131
© Robin Utrecht/epa/Corbis: pp. 136-137
© Rolf Vennenbernd/epa/Corbis: pp. 186-187
© Ben Stansall/AFP/Getty Images: p. 124
© Photo by Julian Finney/Getty Images: p. 129

Per gentile concessione della famiglia Ferlito: pp. 8 (a sinistra), 12, 13, 14, 15, 20, 22, 23, 27, 34, 35, 36-37, 38, 39, 41, 172, 173
Le foto alle pp. 4-5, 46, 47, 72, 106, 107, 108, 109, 115, 119, 120-121, 122, 123, 134, 135, 136, 138, 140, 141, 143 (in alto), 146, 147, 148, 150 (a destra), 153, 157, 160, 163, 164, 165, 168, 169, 176, 178, 179 (in basso), 188-189, 201 sono di Carlotta

Ringraziamenti

Grazie a mia madre Roberta, per le regole che mi hanno insegnato a crescere e per essere stata con me tutte le volte che ne ho avuto bisogno; a mio padre Massimo, per la sregolatezza che mi ha tenuto allegra mentre crescevo. A mia sorella Ludovica perché mi conosce bene come non mi conosco nemmeno io e a mio fratello Gianpaolo il Bocconiano, che quando ha la cravatta sembra una persona serissima, e quando la toglie riesce a farmi morire dal ridere. Come fa?

Grazie a tutti i miei allenatori da quando ero alta mezzo metro a oggi. Ai miei insegnanti e alle persone che hanno avuto pazienza con me e che ne avranno in futuro. A chi mi ha offerto ospitalità ed è stato gentile facendomi sentire come a casa mia.

Alla fortuna che da quando sono nata è stata mia inseparabile compagna e amica e che mi ha regalato i momenti magici delle Olimpiadi di Londra.

Grazie a tutti quanti hanno lavorato a questo libro per raccontare la vita faticosa e meravigliosa che ho vissuto finora.

E già che ci sono, grazie a me, che non mi sono mai stancata di volare neanche quando credevo di non potercela fare, e per essermi sempre data una seconda (e anche una terza, una quarta e una quinta) possibilità.

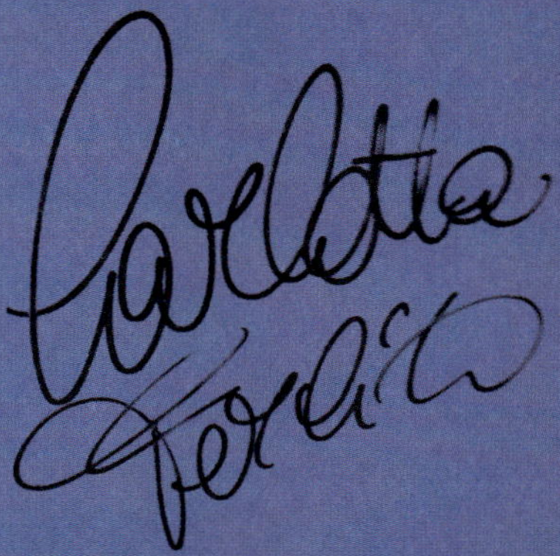

Indice

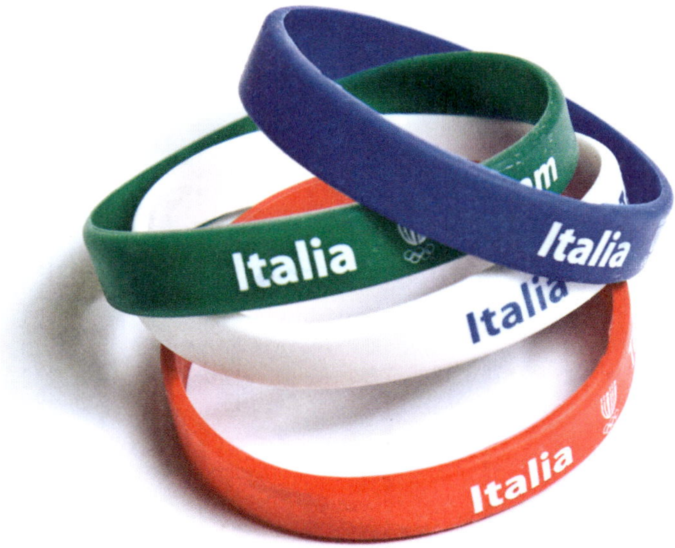

Finito di stampare nel mese di settembre 2013
presso Cartoedit s.r.l. - Città di Castello (PG)
Printed in Italy